新疆古代石窟

佛自西来

苗利辉 编著

丝路物语书系

总主编 李炳武

西安出版社

图书在版编目（CIP）数据

佛自西来：新疆古代石窟 / 苗利辉编著. — 西安：西安出版社, 2024.1
ISBN 978-7-5541-6454-9

Ⅰ. ①佛… Ⅱ. ①苗… Ⅲ. ①石窟－研究－新疆
Ⅳ. ①K879.204

中国国家版本馆CIP数据核字(2023)第068930号

佛自西来

新疆古代石窟

FO ZI XI LAI
XINJIANG GUDAI SHIKU

苗利辉　编著

出 版 人：屈炳耀
出版统筹：李宗保　贺勇华
策　　划：张正原
责任编辑：张正原　李惠明
责任印制：尹　苗
出版发行：西安出版社
社　　址：西安市曲江新区
　　　　　雁南五路1868号影视演艺大厦11层
电　　话：（029）85253740
邮政编码：710061

印　　刷：重庆新金雅迪艺术印刷有限公司
开　　本：787mm×1092mm　1/16
印　　张：22.25
字　　数：248千
版　　次：2024年1月第1版
印　　次：2024年1月第1次印刷
审 图 号：新 S（2023）043 号
书　　号：ISBN 978-7-5541-6454-9
定　　价：78.00元

如有印刷、装订问题，本社负责另换。

阅读文物　拥抱文明

郑欣淼

文物所折射出的恒久魅力，已为越来越多的人所认识。今天呈现在读者面前的这部"丝路物语"书系，就是这一魅力的具体体现。

"让收藏在博物馆里的文物、陈列在广阔大地上的遗产、书写在古籍里的文字都活起来。"（习近平语）党的十八大以来，习近平总书记担负着实现中华民族伟大复兴的历史重任，饱含着对传统文化的深厚感情，让文物活起来始终为其所关注、所思考。让文物活起来，就是深入挖掘文物的内涵，充分发挥文物的作用。中国文物是中华民族的文明印记和精神标识，是全体中国人乃至全人类的珍贵财富；它对于激发人民群众对中华优秀传统文化的了解、认同和热爱，坚定文化自信，汇聚发展力量等作用是不言而喻的。

近年来，一些优秀的文物类书籍、综艺节目、纪录片、文化创意产品等不断涌现，文化遗产元素成为国家外交的桥梁，文物逐渐成为"网红"并受到越来越多年轻人的青睐，这些都充分彰显着"让文物活起来"已逐渐从理念转化为行动，那些在历史长河中积淀下来的文物珍存正在不断走近百姓、融入时代、面向世界。

　　说到文物，不能不把眼光聚焦于丝绸之路。人类社会交往的渴望推动了世界文明间的相互交融和渗透，中华文明与亚、欧、非三大洲的古代文明很早就发生接触，相互影响，相互交流。直到1877年，德国地理学家李希霍芬在他的著作《中国——我的旅行成果》里首次提出了"丝绸之路"的概念。近半个世纪以来，随着丝绸之路考古发现和学术研究的不断深入，极大地开阔了人们的视野。特别是"一带一路"倡议的全面推进，丝绸之路研究更成为国际显学。在古代文明交流史上，丝绸之路无疑是极其璀璨的一笔。它承载着千年古史，编织着四方文明。也正因为丝绸之路无与伦比的历史积淀，形成了独特的历史文化遗产，其数量之大、等级之高、类型之丰富、序列之完整、影响之深远，都是世所公认的。神秘悠远的古代城址、波澜壮阔的长城关隘烽燧遗址、精美绝伦的艺术品、气势磅礴的帝王陵墓、灿若星辰的宫观寺庙、瑰丽壮美的石窟寺……数不清道不尽的文物珍宝，足以使任何参观者流连忘返，叹为观止。2014年，"丝绸之路：长安—天山廊道的路网"成功跻身《世界文化遗产名录》，使丝绸之路迎来了新的历史机遇，也对广大文化文物工作者提出了新的要求。

　　"让文物说话，把历史智慧告诉人们。"这是习近平总书记的谆谆嘱托。中华文化优雅如斯，如何让文物说话，飞入寻常百姓家，是当下无数文化界人士亟待攻坚的课题，亦是他们光荣的使命。客观来讲，丝绸之路方面的论著硕果累累，但从一般读者角度，特别是从当下文化与旅游结合角度着眼的作品不多，十分需要一套全面系统地介绍丝绸之路文物故事的读物。令人欣喜的是，西安出版社组织策划了这套颇具规模的"丝路物语"书系，并由李炳武先生担任主编，弥补了这一缺憾。李炳武先生曾经长期在文物文化领域工作，也主持过"中华国宝·陕西珍贵文物集成""长安学丛书"和《陕西文物旅游博览》等大型文物类图书的编纂工作，得到了业界的充分肯定；加之丛书的作者都是有专业素养的学者，从而保证了书稿的质量。

如何驾驭丝绸之路这样一个纵贯远古到当今、横贯地中海到华夏大地的话题，对于所有编写者来说，都是具有挑战性的。这套书的优点或者说特点，可以概括为以下几个方面：

这套书最大的一个优点，就是大而全。从宏观的视野，用简明的线条，对陆上丝绸之路的博物馆、大遗址进行了全景式梳理，精心遴选主要文物，这些国宝的历史、艺术和科学价值在字里行间一一呈现。

丝绸之路文化遗产类型丰富，作者在文中并没有局限于文物本身的解读，还根据文物的特点做了大量的知识拓展，包括服饰的流变，宗教的传播，马匹的驯化，葡萄等水果的东传，纸张的发明和不断改进，医学的发展，乐器、绘画、雕刻、建筑、织物、陶瓷等视觉艺术的交互影响，等等。其中既有交往的结果，也有战争的推动。总体而言，这些内容是讲述丝绸之路时所不可或缺的内容，使读者透过文物认识了丝绸之路丰富的文化内涵。

值得称道的是，这套书采取探索与普及相结合的方式，图文并茂，力求避免学究气的艰涩笔调，加入故事性、趣味性，使文字更具可读性，达到雅俗共赏的目的。通过图书这一载体，能够使读者静静地品味和欣赏这些文物，传达出对历史的沉思和感悟，完善自己对文物、丝绸之路和文化的认知。读过这套书后，相信读者都会开卷有益，收获多多，文物在我们眼中也将会是另一番面貌。

我们有幸正处于坚持以人民为中心的改革发展伟大时代，每一件文物，都维系着民族的精神，让文物活起来，定会深入人心、蔚为大观。此次李炳武先生请我写序，初颇踌躇，披卷读来，犹如一场旅行，神游历史时空之浩渺无垠，遐思华夏文化之博大精深。兼善天下，感物化人历来是每一个中国知识分子的精神所属，若序言能为一部作品锦上添花，得而为普及民众的文物保护意识起到促进作用，何乐而不为？

是为序。

· 郑欣淼 · ··
原中国文化部副部长、故宫博物院原院长、中华诗词学会会长、著名历史文化学者。

丝路物语话沧桑

李炳武

2013 年 9 月，中国国家主席习近平访问哈萨克斯坦时，在纳扎尔巴耶夫大学发表演讲，首次提出共同构建"丝绸之路经济带"的宏伟倡议。2014 年 6 月，"丝绸之路：长安—天山廊道的路网"成功跻身《世界文化遗产名录》。

丝绸之路是世界上路线最长、影响最大的文化线路。丝绸之路是指起始于古代中国的政治、经济、文化中心—古都长安（今西安）连接亚洲、非洲和欧洲的古代陆上商业贸易路线。它跨越陇山山脉，穿过河西走廊，通过玉门关和阳关，抵达新疆，沿绿洲和帕米尔高原通过中亚、西亚和北非，最终抵达非洲和欧洲，向南延伸到印度次大陆。这条伟大的道路沟通了中国、印度、希腊三大文明，全长一万多千米。它是一条东方与西方之间经济、政治、文化进行交流的主要道路，促进了欧亚大陆不同国家、不同文明之间在商贸、宗教、文化以及民族等方面的交流与融合，为人类社会的共同发展和繁荣做出了卓越贡献。

公元前 138 年，使者张骞受汉武帝派遣从长安出发，出使月氏。13 年中，他的足迹遍布天山南北和中亚、西亚各地。在随后的 2000 多年间，无数商贾、旅人沿着张骞的足迹，穿越驼铃叮当的沙漠、炊烟袅袅的草原、飞沙走石的戈壁，来往于各国之间，带来了印度、阿拉伯、波斯和欧洲的玻璃、红酒、马匹，宗教、科技和艺术，带走了中国的丝绸、漆器、瓷器和四大发明，举世闻名的丝绸之路渐渐形成。

用"丝绸之路"来形容古代中国与西方的文明交流，最早出自德国著名地理学家李希霍芬 1877 年所著的《中国——我的旅行成果》一书。由于这个命名贴切写实而又富有诗意，很快得到学术界的认可，并风靡世界。

近年来，丝绸之路迎来了新的历史机遇，沿丝绸之路寻访探秘的人络绎不绝。发展丝路经济，研究丝路文明，观赏丝路文物成了新时代的社会热潮，"丝路物语"书系便应运而生。在本书和读者见面之际，作为长安学研究者、"丝路物语"书系的主编，就该书的选题范围、研究对象、编写特色及意义赘述于下：

"丝路物语"书系，以"丝绸之路：长安—天山廊道的路网"遗产及相关博物馆为选题范围。该遗产项目的线路跨度近 5000 千米，沿线包括了中心城镇遗迹、商贸城市、聚落遗迹、交通遗迹、宗教遗迹和关联遗迹五类代表性遗迹以及沿途丰富的特色地理环境。丝路沿线遗迹或壮观巍峨，或鬼斧神工，或华丽精美，见证了欧亚大陆在公元前 2 世纪至公元 16 世纪之间人类文明进步的重要阶段，以及在这段时间内多元文化并存的鲜明特色。

"丝路物语"书系，每册聚焦古丝绸之路上的一座博物馆、一处古遗址或一座石窟寺，力求立体全面地展示丝绸之路上的历史遗存、人文故事和风土人情。这是一套丝绸之路旅游观光的文化指南，从中可观赏到汉代桑蚕基地的鎏金铜蚕，饱览敦煌石窟飞天的婀娜多姿，聆听丝路古道上的声声驼铃。古丝绸之路是人类文明的宝贵遗产，记录着社会的沧桑巨变，这是一部启封丝路文明的记忆之书。

"丝路物语"书系，以阐释文物为重点。文物是中华民族的精神标识。"让收藏在博物馆里的文物、陈列在广阔大地上的遗产、书写在古籍里的文字都活起来。"这对于激发人民群众对中华优秀传统文化的了解、认同和热爱，坚定文化自信，汇聚发展力量不可小觑，这是一部积淀文化自信的启智之作。

2000 多年前，我们的先辈筚路蓝缕，穿越草原沙漠，开辟出联通亚欧非的陆上丝绸之路。这不仅是一条通商易货之道，更是一条文化交流之路。沿着古丝绸之路，中国将丝绸、瓷器、漆器、铁器传到西方，也为中国带来了胡椒、亚麻、香料、葡萄、石榴。沿着古丝绸之路，佛教、伊斯兰教及阿拉伯的天文、历法、医药传入中国，中国的四大发明、养蚕技术也由此传向世界。更为重要的是，商品和文化交流带来了观念创新。比如，佛教源自印度，却在中国发扬光大，在东南亚得到传承。儒家文化起源于中国，却受到欧洲莱布尼茨、伏尔泰等思想家的推崇。这是交流的魅力，互鉴的成果。这些各国不同的异质文化，犹如新鲜血液注入华夏文化肌体，使脉搏跳动更为雄健有力。古丝绸之路绵亘万里，延续千年，积淀了以和平合作、开放包容、互学互鉴、互利共赢为核心的丝路精神。

新时代、新丝路、新长安。2017 年，习近平主席在"'一带一路'国际合作高峰论坛"上指出：古丝绸之路是人类文明的宝贵遗产。为让这些遗产、文物鲜活起来，西安出版社策划出版的"丝路物语"书系，承载着别样的期许与厚望，旨在以丝绸之路的隽永品格对话当代社会的文化建构，以高度的文化自觉唤醒当代社会的文化自信。

我们作为丝绸之路起点长安的文化工作者，更应该饱含对传统文化的深厚感情，自觉担负起实现中华民族伟大复兴的历史重任，充分运用长安学的最新研究成果，为保护、研究和传承人类文明的宝贵遗产尽心尽力，助推"一带一路"伟大事业的蓬勃发展。

精品力作是出版社的立身之本，亦是文化工作者的社会担当。"丝路物语"书系的出版，凝聚着众多写作和编辑人员的思考与汗水。借此，特别感谢郑欣淼部长的热情赐序；感谢策划人、西安出版社社长屈炳耀先生的睿智选题与热情相邀；感谢相关遗址、博物馆领导的支持和富有专业素养的学者和摄影人员的精心创作；更要感谢西安出版社副总编辑李宗保和编辑张正原认真负责、卓有成效的工作。

"丝路物语"书系的出版虽为刍荛之议、管窥之见，但西安出版社聆听时代声音、承担时代使命以及致力于激活文化遗产、传播中国声音的决心定将引领其走向更远的未来。

是为序。

· 李炳武 ·

陕西省文物局原副局长、陕西省文史馆原馆长、"长安学"创始人、陕西师范大学国际长安学研究院首任院长、三秦文化研究会会长、长安学研究中心主任、著名历史文化学者。

新疆古代石窟

阿艾石窟·主室正壁·观无量寿经变

目录

丝路物语

新疆古代石窟

新疆——位于古丝绸之路的中枢，自汉代以来就成为东西方文明交往的枢纽，往来于欧亚大陆的使者、僧侣商贩、文人学者流连于此，『驰命走驿，不绝于时月；商胡贩客，日款于塞下』。

新疆地区古代各城邦充分利用这一良机，广撷东西方文化之精髓，结合地区民族文化，创造出灿烂辉煌的新疆石窟艺术，为后人留下了不朽的文化遗产。洞穴之间，古今一瞬。星辰轮转，照亮了令世人瞩目的石窟艺术，也赋予了我们纵横千年的文明。

佛入华夏

灿烂辉煌的新疆石窟艺术

丝路脉动，东西交融。释迦牟尼的宏愿、慈悲和智慧，在僧侣和信众的礼拜和吟诵中，来到了西域大地，传经度人，开窟造像，营造着一方精神净土，也留下了多彩的佛教艺术盛景。

日本著名社会活动家池田大作曾经问英国著名历史学家阿诺德·约瑟夫·汤因比："您希望出生在哪个国家？"汤因比面带笑容地回答说，他希望生在"公元1世纪佛教已传入时的中国新疆"。

那么是什么吸引了汤因比先生，使他对佛教已传入时的中国新疆有如此浓郁的情结。仁者见仁，智者见智。但世界多种文明在这里的交流交融、相互尊重、彼此借鉴、和谐共存应该是重要的原因。

国际著名东方学大师季羡林也说过："世界上历史悠久、地域广阔、自成体系、影响深远的文化体系只有四个：中国、印度、希腊、伊斯兰，再没有第五个；而这四个文化体系汇流的地方只有一个，就是中国的敦煌和新疆地区，再没有第二个。"

佛教发展历程

公元前 1 世纪

佛教传入新疆。首及于阗（今新疆和田地区）。

公元 2 世纪前后

佛教先后传入疏勒（今新疆喀什地区）、龟兹（今新疆阿克苏地区），随后陆续传入焉耆（今新疆巴音布鲁克蒙古自治州境内）和高昌（今新疆吐鲁番地区）等地。随着佛教的传入，石窟艺术也进入中国，这时期新疆各地佛教艺术风格上更多受到犍陀罗艺术的影响。

公元 3 世纪以后

新疆各地的佛教逐渐繁盛起来，具有各自地域特点的石窟艺术也逐渐形成。唐代是新疆佛教发展的一个高峰时期，汉传佛教石窟艺术的回流成为这一时期新疆石窟艺术的一个鲜明特点。

公元 10 世纪以后

西迁的回鹘人信仰了佛教，具有回鹘风格的石窟艺术成为龟兹、焉耆和高昌等地石窟艺术的主流风格。

公元 10 世纪中叶起

于阗、疏勒两地相继被信仰伊斯兰教的喀喇汗王朝攻灭，佛教艺术（石窟艺术）遭到毁灭性破坏。

公元 14 世纪以后

龟兹、焉耆、高昌和伊吾等地陆续被信仰伊斯兰教的诸王国攻破，各地石窟也被破坏，逐渐废弃。

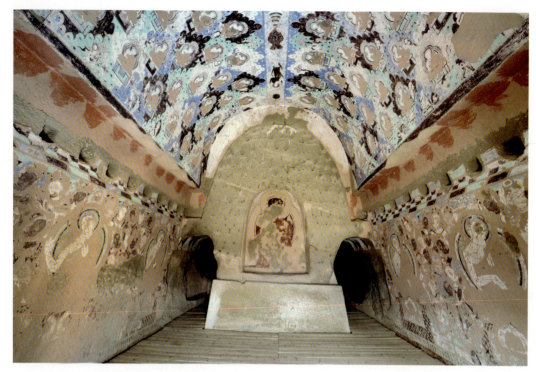

克孜尔石窟第 8 窟（中心柱窟）

作为佛教文化表现形式之一的石窟艺术起源于古代印度，随着佛教的传播，于公元 3 世纪左右经中亚传入我国新疆地区，并以此为起点逐渐东传，于公元 5—8 世纪在中原各地盛极一时。可以说，新疆是佛教系统地传入中国的第一站，并拥有我国时代最早、规模最大、位置最西的大型石窟群。

石窟寺是建筑、雕塑和壁画三位一体的综合体，建筑为艺术开展提供了神圣空间，雕塑是灵魂和核心，壁画则是具体的阐释和展开。

建筑

石窟是一种佛教建筑，属于佛教寺院的一种类型。它与一般地面寺院的不同之处，就是开凿在山间的崖壁上。

根据功用以及室内装饰的不同，石窟类型主要有用于礼拜的塔庙窟、

大像窟和禅修栖止的僧房窟、禅窟以及兼具二者功能的方形窟等类型。

塔庙窟因窟内中心用于礼拜的佛塔而得名。龟兹地区的这一礼拜对象形似柱子，因此，塔庙窟又被称为中心柱窟，一般分前室、主室和后室。前室和主室间有门道相通，后室由中心的佛塔和环绕它的甬道组成。主室顶部有纵券顶、横券顶等多种形式。

大像窟的形制与塔庙窟十分接近，其特点主要是主室正壁、中心柱前立一尊高大的佛像，因而主室与后室的高度悬殊。

僧房窟是供僧人起居生活的洞窟，因而室内往往安置床和壁炉等生活设施。

禅窟则是僧侣用于修行的洞窟，没有壁画，其规模有大有小。

方形窟平面呈方形，有的窟室中部有坛基，正壁或侧壁前有低台，窟

克孜尔石窟第 40 窟（僧房窟）

克孜尔石窟第 216A、216B 和 216C 窟（禅窟）

顶形式多样。方形窟的功能和性质也比较复杂，有的用于礼拜，有的则可能用于生活或禅修。这种类型的洞窟在新疆地区的石窟中，分布最广。

　　不同的洞窟类型组合起来，形成了石窟寺寺院。在不同的石窟寺群中，

克孜尔石窟

由于寺院性质及所属部派等差异，洞窟的类型、数量及其组合方式是不同的。

此外，在不同的石窟寺群中，由于不同地区的文化和地理差异，其类型也存在着一些变异。

克孜尔石窟第 17 窟主室券顶 本生故事画

壁画

　　新疆石窟中壁画数量最大、保存最好的遗存，均为干壁画。在开凿好的洞窟岩体壁面，将含有麦草的泥和好上墙，而后在上面着白色底料，画

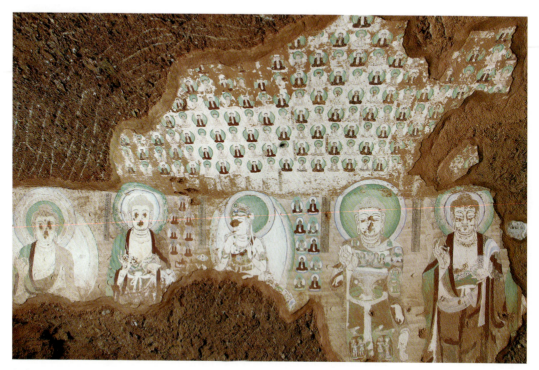

阿艾石窟主室右侧壁 尊像图

师在白色背景上绘画。新疆石窟中的壁画题材多样，既有众多反映小乘佛教理念的佛教故事画，也有大量反映大乘佛教思想的尊像图和经变画。

佛教故事画以本生故事、因缘故事和佛传故事等与释迦牟尼有关的故事为主，体现的是小乘说一切有部"唯礼释迦"的理念。

尊像图和经变画则表现的是中原大乘的多佛和净土等思想。

除了上述题材，还有佛、菩萨、金刚、天龙八部、供养人以及图案纹饰等。天相图、禅观修行图等是新疆地区石窟特有的题材。其艺术风格多样，地域特色明显。同时也可以看到犍陀罗艺术、秣菟罗艺术、波斯艺术、

克孜尔石窟新 1 窟出土佛首

七个星石窟出土佛首

中原汉风和回鹘风艺术的作品。

雕塑

　　新疆地区石窟中出土的雕塑数量不多，主要是木雕和彩塑，彩塑一般为木骨泥塑。雕塑制作工艺上的一大特点是模制像较多，主要有佛、菩萨、天人、护法神、供养人、世俗人物、动物、植物以及本生故事和雕饰等。艺术风格除本地风格外，主要是中原风格和回鹘风格。犍陀罗艺术元素在雕塑中也体现得较为明显，尤其是在早期艺术作品中。此外，还有一些受到秣菟罗艺术影响的作品。

新疆石窟艺术的多元性

　　亚欧大陆中心地带的帕米尔高原以南青藏高原、云贵高原、澜沧江—湄公河河谷中的高山雪峰、峡谷激流、丛林险滩完全制约了古代较大规模的东西方向人类移动。只有帕米尔高原通道和昆仑山北缘通道能为这种人类移动提供便利的条件。由帕米尔高原、昆仑山向北，天山、阿尔泰山这两个东西走向的大山脉自然成为第二、第三大通道地区。阿尔泰山以北则是酷寒的西伯利亚寒区落叶林分布带，完全不适宜亚欧大陆古代人类大规模的东西方向往来。由此就使得新疆地区成为古代希腊罗马、闪族伊斯兰、印度和中国四大文明的交汇地和交通枢纽，是东西方文化交流荟萃之地。由于地处四大文明的交汇地，新疆所受到的文化影响与辐射也是多方面的。这就使得新疆地域文化具有多元性的特点。作为它的重要组成部分，石窟艺术自然也具有这种特点。

新疆石窟艺术中的多元性体现在以下几个方面。

首先，在新疆石窟中可见古希腊罗马文明的元素。如头戴虎皮帽的金刚形象就是古希腊大力神赫拉克利斯的东方翻版。这种形象在疏勒、龟兹和高昌石窟中都有发现。

其次，西亚尤其是波斯文明的元素，也出现在新疆石窟中。柏孜克里克石窟第38窟主室正壁所绘的摩尼教生命树图表现的是

森木塞姆石窟第 26 窟主室正壁　金刚

柏孜克里克石窟第38窟主室正壁 摩尼教生命树（线描图）

源自波斯的摩尼教思想；克孜尔石窟第165窟的套斗顶造型则是波斯文明所属的阿富汗巴米扬石窟的典型窟顶形式。这些都可以看作是受到西亚文明的影响。

再次，佛教起源于印度，因而佛教中的许多元素都可以找到它的印度起源。在龟兹、焉耆和高昌石窟出土的许多泥塑上都可以看到犍陀罗艺术的影响痕迹。

从次，中华文明的影响痕迹在新疆石窟中更是无处不在。

从洞窟形制讲，疏勒的棋盘石窟和于阗的乌恰特石窟洞窟的窟顶绝大部分是覆斗顶，这种窟顶形式明显是源于中原地区；龟兹地区的阿艾石窟

柏孜克里克石窟第 48 窟主室内景　　　　　　　　伯西哈石窟第 4 窟左侧壁　西方净土变

和库木吐喇石窟中汉风、回鹘风的礼拜窟以及焉耆七个星佛寺的 8—14 世纪的礼拜窟，都明显受到了同时代中原石窟艺术的影响；高昌的石窟建造伊始，其主要洞窟形制就可以看到中原石窟艺术的影响印记，并一直延续到废弃。

　　从壁画题材讲，龟兹地区和高昌地区的汉风洞窟是同时代中原石窟艺术的移植，而唐代高昌回鹘时期，对新疆各地石窟艺术影响广泛的回鹘石窟艺术则是深深地受到了当时中原佛教艺术的影响；雕塑尽管不多，但是在龟兹、焉耆和高昌石窟中也出土了不少具有浓郁汉风色彩的作品。

柏孜克里克石窟第 20 窟后甬道正壁 粟特商人

最后，在新疆石窟中也可以看到粟特文化的影响痕迹。

克孜尔石窟第 17 窟和柏孜克里克石窟第 20 窟的商人造型与魏晋至唐时期活跃在丝绸之路沿线的粟特商人的造型一致，反映出粟特文化在龟兹地区的印记；多元性的文化元素在新疆地区汇聚，本地艺术家将这些元素巧妙地组合起来，创造了瑰丽多姿的新疆石窟艺术。

根据洞窟形制、雕塑及绘画题材、风格、反映的佛教思想以及保存状况，新疆的石窟艺术大致可以划分为于阗石窟、疏勒石窟、龟兹石窟、焉耆石窟、高昌石窟和伊吾石窟等几个区域类型。

1. 脱库孜吾吉拉石窟
2. 莫尔佛寺
3. 棋盘石窟
4. 图木舒克佛寺
5. 托库孜萨来佛寺
6. 克孜尔石窟
7. 库木吐喇石窟
8. 森木塞姆石窟
9. 苏巴什佛寺
10. 阿艾石窟
11. 七个星佛寺
12. 柏孜克里克石窟
13. 吐峪沟石窟
14. 交河故城

15. 高昌故城
16. 北庭西大寺
17. 白杨沟佛寺
18. 庙尔沟佛寺
19. 杜瓦佛寺
20. 热瓦克佛寺
21. 丹丹乌里克佛寺
22. 喀拉墩佛寺
23. 尼雅佛寺
24. 安迪尔佛寺
25. 楼兰佛寺
26. 营盘佛寺
27. 米兰佛寺

图 例

- ◎ 省级行政中心
- ◉ 地级行政中心
- ◉ 地区、自治州行政中心
- ┆·┆·┆ 国界
- ┤┤┤┤ 未定国界
- ─·─·─ 省级界
- 河流、湖泊
- 石窟
- 佛寺
- 城址

新疆佛教遗址分布示意图

哈纳斯湖

额尔齐斯河

◎阿勒泰市

乌伦古湖
吉力湖
乌伦古河

克拉玛依市

16

昌吉市◎
乌鲁木齐市◎

巴里坤湖

14◎ 12 13
吐鲁番市
15

17 18
◎哈密市

11

博斯腾湖
◎库尔勒市

孔雀河

木扎尔特河

26
孔雀河
25
罗布泊

27

车尔臣河

阿牙克库木湖

阿其克库勒湖

鲸鱼湖

审图号：新 S（2023）043 号

克孜尔尕哈石窟外景

克孜尔石窟外景

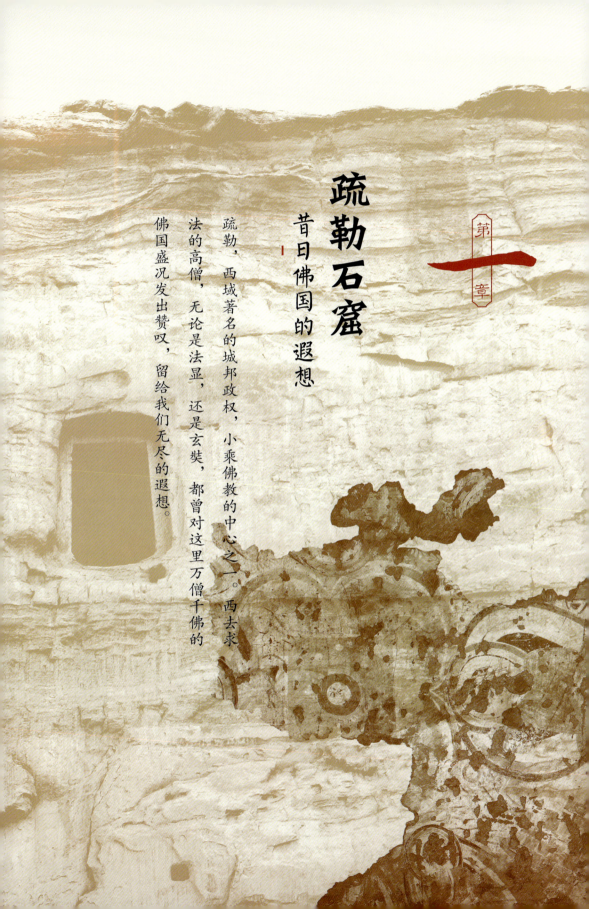

疏勒石窟

昔日佛国的遐想

疏勒，西域著名的城邦政权，小乘佛教的中心之一。西去求法的高僧，无论是法显，还是玄奘，都曾对这里万僧千佛的佛国盛况发出赞叹，留给我们无尽的遐想。

西汉末年，佛教传入古疏勒国。东汉时，曾在大月氏为质的臣磐回国后，一度在这一地区推行佛教。

魏晋南北朝时期，古疏勒国强盛一时，吞并周围的诸多绿洲城邦，但仍然与中原保持联系。此时期疏勒国已修建水利系统，境内的经济以农业为主，兼有畜牧业，农产品有稻、棉花等。手工业也有所发展，棉布是主要的织物。这里还出产铜、铁和锡。丝路贸易的发展，使古疏勒国的商业非常繁荣。隋唐以后，这里成为安西都护府治下的疏勒都督府和安西四镇之一，为维护唐朝边疆稳定和祖国统一发挥了重要作用。在与中原经济文化交流的基础上，古疏勒国的经济得到了进一步的发展。农牧业继续发展，水利灌溉面积扩大，尤其是在屯田区域。手工业继续发展，丝绸织造技术有所提高，疏勒锦非常有名。

与此同时，疏勒地区的佛教也有了长足发展。公元4世纪时，年幼的鸠摩罗什（著名龟兹高僧），曾跟随母亲前往古疏勒国求学。在那里，他研习《阿毗昙》等经典，说明此时当地流行的是小乘佛教。莫尔佛寺和图木舒克佛寺应该都是在这一时期开始建造。公元5世纪，法显西行时经过此地，发现这里"有千余僧，尽小乘学"，另外，这里还有佛唾壶和佛牙等圣物。隋唐时期，疏勒地区的佛教进一步发展。玄奘于公元7世纪从印度经西域回国，经过此地，他说这里的人们笃信佛法，勤修福德。这里有寺院几百座，僧人万余，与魏晋时期比较，佛教有了很大程度的发展，但他们研习的仍然是小乘说一切有部。这一时期，还涌现了一些著名的佛教僧侣，如公元 5 世纪末，疏勒著名高僧昙摩难提曾长期留在中原讲法；公元 8 世纪，疏勒僧人释慧琳费时二十五年撰《一切经音义》一百卷，这部书是研究佛经必备的工具书。随着唐朝治理西域的需要，大量的汉人来到了疏勒国，与此同时，汉传佛教也传入。公元 8 世纪，僧人慧超由陆路从印度回中原途经疏勒国时，看到这里有一座大云寺，汉僧主持是岷州人士。这一时期是疏勒地区佛教的发展和繁盛阶段。

公元 790 年以后，这一地区被吐蕃攻占。公元 9 世纪以后，西迁回鹘的一部分人进入该地，后来这部分回鹘人联合葛逻禄、样磨等部，建立了喀喇汗王朝。公元 10 世纪后期，伊斯兰教成为喀喇汗王朝的国教，疏勒地区的佛教就逐渐消亡了。

疏勒地区的佛教遗址以佛塔和寺院为主，但也保存着脱库孜吾吉拉石窟（俗称三仙洞石窟）和棋盘石窟两处石窟。此外，在个别地面佛寺遗址中也保存着一些石窟。

脱库孜吾吉拉石窟

脱库孜吾吉拉石窟地处阿图什市上阿图什乡塔古提村附近的恰克玛克河陡峭的河岸上。

它现存三个洞窟。三个洞窟东西排列，呈一字形排开，全长 10.6 米，高 2.25 米。洞窟门下沿石壁间有一排等距离的柱槽，东窟壁间直至西窟壁下也有一排倾斜弯曲的凹槽，应是昔日架设梯道的痕迹。三个洞窟的形制基本相同，由前室和主室组成。前室间距约 2.8 米。中间一窟，窟口较大，高约 2 米，宽约 1.5 米。东西两窟，窟口稍小。前室平面为纵长方形，顶呈纵券式；主室平面为横长方形，横券顶。中窟的主室正壁正中凿出基座和坐佛石胎，坐佛残高 1.2 米，两膝相距 1 米；束腰须弥座，高 0.9 米，宽 1.4 米，进深 0.47 米。东西两窟的主室只凿出高 0.3 米的石台，估计原来也有塑像；东窟前室东壁和西窟前室西壁，各开一浅龛，浅龛高约 2 米，宽约 1 米，进深约 0.1 米。

这三个洞窟的前室券顶和主室两侧壁虽都残存壁画痕迹，但已残毁不堪，只有东窟尚保存部分壁画。中窟已刷一层白灰覆盖，主室粉刷后又在正壁绘出坐佛的火焰纹背光和头光。东窟前室纵券顶中央绘天相图。在由四个半圆形组成的图案中间绘正方形框架，在框内浅灰色底上，勾勒出一轮朱红色圆月，周围群星围绕，框外呈现白色光焰一周。天相图外面，描绘了大约有十四尊佛像，有的呈坐姿，有的为立像。该窟窟顶角隅残存简单的忍冬纹边饰；前室门壁、门道两侧壁

脱库孜吾吉拉石窟中窟主室正壁 泥胎佛像

和主室侧壁均可见描绘出的佛像痕迹。

　　这三个洞窟均分前、后室，前室有壁画，后室有主尊塑像，应为佛堂。后室是主要的礼拜场所。这种只可礼拜无法绕行的礼拜模式，在和田地区出现较晚，大概要到公元 6 世纪以后。此外，现存的壁画内容简单，仅仅有天相图和佛像。线条较粗糙，色泽少而淡，而且天相图中其他元

脱库孜吾吉拉石窟外景

素简化，绘出多身佛像，也与龟兹石窟晚期的情况类似。再从洞窟整个的妆銮和绘画看，似乎是处于一种正在维修还未完工的阶段，这是当地佛教走向衰落的反映，所以该石窟壁画的时代应为公元6世纪到公元8世纪或以后，伊斯兰教传来之前。

棋盘石窟

棋盘石窟位于叶城县棋盘乡巴什吾让村西南1.2千米的棋盘河西岸东西向的山脉崖壁上。该地区为典型暖温带大陆性干旱气候，石窟所在区域的岩体主要由砾岩构成，岩体结构较为疏松，具有一定的吸水性。石窟所处地区四季分明，年温差变化大，年最高气温可达39.0℃，最低气温−22.7℃。

石窟群现存九个洞窟，开凿于一东西向的山脉崖壁上，洞窟自西向东依次编为1—9窟。其中第1—8窟大体在同一个平面上，第9窟在第7窟下面。除第2窟为禅窟外，其余各窟均为方形覆斗顶窟。

第2窟

该窟为龛窟，各壁面上有雨水冲刷的淤泥，地坪淤沙。面宽1.56米，进深0.65米，残高1.76米。

棋盘石窟外景

棋盘石窟第 2 窟

第 5 窟

此窟为方形窟，覆斗顶，由前室和主室组成。

前室面宽 3.18 米，残存进深约 0.2 米，高度无法测量。前室仅残存正壁，右端上部残存有一些草泥层。

主室面宽 3.96 米，进深 4.23 米，高 3.13 米。左侧壁前端下方开一龛，面宽 0.97 米，进深 1.19 米，残高 0.28 米。龛外壁面上有一进深约 0.1 米的方形凹槽。

主室门道面宽 1.16 米，进深 0.31 米，高 2.06 米。门道内口有安装门框的凹槽遗迹。

棋盘石窟第 5 窟主室内景　　　　　　　　　　　　　棋盘石窟第 5 窟主室左侧壁

　　主室地坪中央有两座方台，方台大部分塌毁，洞窟残存正壁、左右壁后端和部分券顶。窟内壁面残存草泥涂层，地坪淤沙。

第 7 窟

　　此窟为方形窟，覆斗顶。主室顶部残存有大片草泥层和石膏层，前端残存赭石色颜料层。左侧壁残存大面积不连续的草泥层和石膏层。前壁右端坍塌，左端上部残存壁画局部，可辨识为一坐佛。坐佛着偏衫式袈裟，具头光，有蓝色颜料残存。右侧壁里端上部开一方形龛。地坪有草泥层及石膏层。

　　棋盘石窟现存洞窟多为覆斗顶。此种洞窟形制在印度及中亚地区几乎

棋盘石窟第 7 窟主室前壁 坐佛

不见，但在敦煌地区则常见，其最早的实例为北凉时期的第 272 窟，该窟的顶部近似覆斗，坡度较缓和，窟顶四披边沿没有明确的棱角，以弧形转角，尚不典型。随后是西魏的第 285 窟，该窟为典型的覆斗顶窟。北周以后，敦煌的覆斗顶窟数量大增。

根据有关学者的研究，覆斗顶系模仿斗帐而来，可以说覆斗顶属中原创造的一种石窟顶型。此外，第 7 窟中残存坐佛以线条勾勒面部，平涂上色的技法也属汉风特点。因而棋盘石窟的开凿年代应在汉人大量驻屯和留

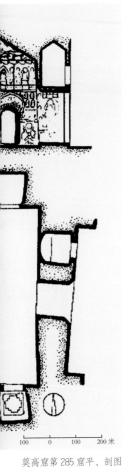

莫高窟第285窟平、剖图

居西域的公元 7、8 世纪。

棋盘石窟在诸多典籍中均有记载。1929 年，黄文弼先生在棋盘石窟的堆积中，发现有壁画残块。他指出，《北史·西域传》和《新唐书·西域传》中"朱俱波"是"棋盘"的转音。慧立等著《大唐大慈恩寺三藏法师传》称棋盘石窟所在地为"斫句迦"，说玄奘从疏勒"东南行五百余里，渡徙多河，逾大岭，至斫句迦国（旧曰沮渠）"。这也就是《大唐西域记》所记，乌铩国西二百余里传说"罗汉出定神变"处，这里"崖岭嵯峨，峰峦重叠；草木凌寒，春秋一观"，"崖龛石室，棋布岩林"。慧立也说，国南大山上"多龛室，印度证果人多运神通，就之栖止，因入寂灭者众矣"。玄奘法师经此地时，"犹有三罗汉住岩穴，入灭心定"。

《历代三宝纪》卷十二称，该地国王"纯信敬重大乘"，宫中藏有《摩诃般若》《大集》《华严》三部大乘经，在其"东南二十余里，有山甚险，其内安置《大集》《华严》《宝积》等，凡十二部，皆十万偈"。慧立也记，此国"多大乘经典，十万颂为部者，凡有数十"。说明这里曾是传说中的佛教圣地，大乘佛教经典收藏的中心之一，佛教十分兴盛。

第一章

一

于阗石窟

中国大乘佛教起源地的石窟

古代的于阗，是西域最主要的绿洲城邦之一，是古丝绸之路南道上的重要一站，也是西域大乘佛法兴盛之地。当年印度佛教传入西域，这里就是佛教东传的第一站。

于阗为新疆古地名，其范围相当于今天的和田地区。

一般认为佛教传入于阗是在公元前1世纪。初期传入的是小乘佛教，但也有大乘经典传入。公元3世纪时的中原僧人朱士行在于阗的经历就能解释这一问题。朱士行在于阗得到了胡本的大乘经典《放光般若经》，打算派弟子弗如檀送回洛阳，遭到于阗小乘僧人的阻拦，他们力劝国王加以阻止。尽管朱士行最终将经本带回中原，但此时于阗小乘势力占据主流地位的说法应该没有问题。这一时期的佛教建筑，以塔为崇拜中心，寺院布局以塔为中心展开。热瓦克佛寺的早期造像中可能有反映佛陀事迹的本生、佛传故事，但已不存，现存的多为佛像和菩萨像。

这种情况在公元5世纪法显西行时已有了很大变化，法显《佛国记》记载："其国丰乐，人民殷盛，尽皆奉法，以法乐相娱。众僧乃数万人，多大乘学，皆有众食。彼国人民星居，家家门前皆起小塔，最小者可高二丈许，作四方僧房，供给客僧及余所须。国王安堵法显等于僧伽蓝。僧伽蓝名瞿摩帝，是大乘寺，三千僧共犍槌食。"这一时期大乘思想已占据主导，但小乘的影响仍在，家家门前起塔正说明了这种情况。等到唐初玄奘求学经过于阗时，这里的情况则是"崇尚佛法，伽蓝百有余所，僧徒

热瓦克佛寺遗址全景

达玛沟 3 号佛寺出土世俗人物画像

五千余人，并多习学大乘法教"。武则天长寿元年（692）以后，为了牢牢控制西域地区，在西域地区大量驻军，驻军归安西都护府和四镇管辖，其中于阗为四镇之一，自然屯驻大量汉军，与此同时中原文化和汉传佛教也传入于阗。新罗僧人慧超在公元8世纪从印度经西域回长安时，经过于阗，记载当时的情况："足寺足僧，行大乘法，不食肉也。……于阗有一汉寺，名龙兴寺，有一汉僧……是彼寺主，大好主持。彼僧是河北冀州人士。"不食肉为汉传佛法的戒律之一，由此可见汉传佛教在唐代对于阗影响之深。达玛沟3号佛寺遗址出土的绘有唐代世俗人物画像的壁画，正是这种影响的产物。

这一时期，对塔的崇拜逐渐被对佛像的崇拜所代替，壁画内容以反映大乘思想的佛像、菩萨像为主。此外，化佛和世俗供养人的图像也大量出现。这时期的寺院布局以塔为中心和以佛寺为中心的情况同时存在，随后，塔的礼拜作用更加淡化，有些寺院中已不再建塔，佛寺成为礼拜的中心。这在达玛沟地区的佛教遗址中表现得最为明显，这里的遗址中目前还没有发现佛塔。

关于于阗流行密教的情况，文献中记载不多。但根据记载我们知道于阗僧侣参与许多中原密教经典的翻译。于阗僧人提云般若曾在中原译出《诸佛集会陀罗尼经》等密教经典。另外，据有关学者研究，和田地区早在公元7世纪就由印度传入了持明密教，

丹丹乌里克出土木板画上绘制的摩醯首罗天　　丹丹乌里克出土木板画上绘制的四臂菩萨　　达玛沟出土千手千眼观音

后来又传入金刚乘以及无上瑜伽乘，而且对于中原密教图像的传承产生过一定的影响。属于这个阶段的最主要的佛教遗址应该是保存于老达玛沟地区的乌宗塔提和尕孜亚依昂佛塔。这两座佛塔的平面均为十六边形，可能与密教的教义有关。另外，在达玛沟地区出土的壁画和木板画中有许多表现密教的题材。如于阗卡达里克遗址出土的卢舍那佛像画，丹丹乌里克出土的绘有摩醯首罗天、四臂菩萨、密教双身像的木板画以及达玛沟出土的千手千眼观音像和托普鲁克墩2号遗址出土的莲花手擦擦。

和田地区留存了大量的佛教遗址，但主要为地面佛寺，石窟寺保存较好的仅有乌恰特石窟。

托普鲁克墩 2 号遗址出土莲花手擦擦

乌恰特石窟

石窟位于和田地区墨玉县萨依巴格乡乌恰特村，开凿于喀拉喀什河北岸乌鲁瓦提山麓砂山壁上。

目前仅有一个洞窟，位于崖壁中部。洞窟主室平面呈纵长方形，覆斗顶。主室面宽 4.7 米，进深 4.3 米，现高 4 米。前壁塌毁，窟内不见壁画、题记、题刻及其他附属文物。

本窟的洞窟形制明显受到了中原，特别是河西石窟寺的影响。其开凿年代不会早于南北朝时期，大约于唐末宋初就逐渐废弃了。

乌恰特石窟内景

龟兹石窟

文明的荟萃

源起丝路，始兴于汉，繁盛于唐，龟兹石窟扎根于中华文明沃土，印刻着海纳百川、兼收并蓄、一体多元，诉说着古龟兹的繁荣与开放。

产生于印度的佛教约在公元前 3 世纪时开始向外传播，公元前 1 世纪传入于阗，公元 2 世纪前后，先后传入疏勒和龟兹。

这一时期，龟兹经济以农牧业为主，由于采用先进的农耕技术，农业发展很快，主要作物有麦、稻、粟和黍等，此外还种植葡萄等园艺作物。畜牧业也很发达，以产良马闻名。毛纺和丝织业快速发展，龟兹锦是其著名产品。龟兹北境山中有铜、铁、煤等矿产，龟兹冶炼业发达，所产铁器"恒充三十六国之用"。今天在古龟兹境内的库车等地发现了大量的冶铜、冶铁遗址就是明证。此外，龟兹位于丝路北道，商业发达，龟兹五铢成为重要的货币，到了汉代，五铢钱仍在使用。龟兹白族长期执掌政权，虽然经历了吕光和万度归的西征，但政治和社会总体情况是稳定的。

由于龟兹经济的繁荣和龟兹王族的大力倡导，公元 3、4 世纪之际，龟兹佛教逐渐进入发展的繁盛期。一方面，僧徒众多，大师云集，律法严谨，建寺造像风行；另一方面，葱岭东西王侯妇女都来到这里修行听法，龟兹成为西域佛教中心。与此同时，许多龟兹佛教徒前往中原，传播佛法，参与译经。

这时期的龟兹佛教以小乘佛教为主，说一切有部是主要佛教派别。同时，大乘佛教也有一定的影响。

公元 7 世纪以后，龟兹历史发展进入一个新的阶段。

唐显庆三年（658），唐朝将安西都护府从西州移至龟兹，随后升为安西大都护府。安西地区军事、安全事务，由安西大都护府掌管。唐朝中央还委任官员，专门管理安西的佛教事务，推动了汉传佛教在龟兹的发展，龟兹佛教进入一个新的发展期。这里开始出现本地佛教与中原佛教共同发展的局面，"此（龟兹）国足寺足僧，行小乘法，食肉及葱韭等也。汉僧行大乘法"。

唐贞元六年（790）以后，吐蕃曾经短期占领龟兹，但统治时间不长。

公元 8 世纪末至 9 世纪初，漠北回鹘汗国的势力已扩展至龟兹。为了与吐蕃对抗，回鹘汗国在北庭、龟兹驻有大量军队。公元 840 年左右，由于天灾人祸，雄踞漠北的回鹘汗国被其宿敌黠戛斯所灭，部众四散。西迁进入龟兹的一支后来成为高昌回鹘的一部分。这一时期，龟兹社会处于相对稳定时期，社会经济得到恢复和发展，原本信仰摩尼教的回鹘人也逐渐改信了佛教，龟兹佛教仍然是西域佛教的中心之一。

11 世纪以后，随着喀喇汗王朝的强盛，龟兹地区伊斯兰教有所发展。大概在公元 13 世纪末到 14 世纪中叶，龟兹成为东察合台汗国的一部分，龟兹佛教就逐渐消亡了。

石窟艺术

随着佛教的传入，石窟艺术也随之传入龟兹。公元 3—4 世纪时，龟兹石窟艺术模式开始形成。

洞窟形制上，包括中心柱窟、大像窟、方形窟、僧房窟、龛窟、异形窟。其中中心柱窟、大像窟和僧房窟等石窟形式，强烈地显示出其他文化与本地龟兹文化的结合与发展，形成独特的"龟兹风格"，对中国北方及中亚佛教石窟艺术都产生了显著的影响。

公元 7 世纪以后，中原佛教建筑形制回流至龟兹地区。其中最具特点的是佛殿窟，其洞窟平面一般为方形，或横长方形，主室地面做出低坛。与此形制完全相同的洞窟在龟兹石窟中有一定数量。受佛殿窟的影响，这一时期，中心柱窟的主室地面上也开始做出低坛。

雕塑，主要以彩绘泥塑、木雕、石雕等形式来表现佛、菩萨、天人等佛教内容，与石窟建筑和壁画融为一体，烘托出清净、庄严的氛围。在艺术表现与风格上，它以本地和中原艺术为基础，融合犍陀罗、笈多及萨珊波斯艺术的特点，形成了独特的龟兹雕塑艺术风格，曾对我国河西地区及中原佛教造像产生了深远的影响。唐宋时期及以后，具有强烈汉传佛教艺术特点及受其影响的回鹘艺术雕塑，在这一地区流行。

壁画题材上，龟兹石窟既保存了丰富的佛教故事画遗存，也有大量的尊像图和经变画。佛教故事画以本生故事、因缘故事和佛传故事等与释迦牟尼有关的故事画为主。龟兹地区的本生和因缘故事画有一百余种，佛传故事六十多种。其佛教故事画内容之丰富，超过了世界上其他保存有此类题材的地区，被誉为"佛教故事的海洋"，体现了小乘说一切有部"唯礼释迦"的思想。尊像图和经变画则表现中原大乘的多佛和净土等思想在这里的流行。其壁画的艺术风格具有多元荟萃的特点，主要有龟兹风艺术、汉风艺术和回鹘风艺术。此外，犍陀罗艺术和秣菟罗艺术在这里也能看到影响痕迹。

洞窟形制

　　龟兹石窟依据使用功能及其他特征的差异，可以划分为中心柱窟、大像窟、方形窟、僧房窟和禅窟等不同的类型。

中心柱窟

　　中心柱窟是龟兹石窟的典型代表，一般分前室、主室和甬道（高大的后甬道也称后室）。现在克孜尔石窟存有前室的中心柱窟已寥寥无几，大部分已塌毁。龟兹地区的中心柱窟与印度的支提窟有渊源，但龟兹中心柱窟有自己的佛教哲理、派属系统和艺术形式的特色。中心柱窟是龟兹佛教美术的主要展示场所，塑像和壁画大多集中在这里，艺术内容主要表现释迦牟尼前生、今生的事迹，是小乘佛教观念的产物。从建筑学角度考虑，中心柱有支撑岩体的作用。故中心柱窟是佛教理念和自然物理巧妙的结合，克孜尔石窟第 38 窟是其典型代表。不过，它的结构随时代发展也发生着变化，克孜尔石窟的中期开始出现了空间较大的中心柱窟。同时，主室除了纵券顶还出现了穹窿顶、一面坡顶、套斗顶和平棋顶等形式。如克孜尔石窟第 123、99、207 和 27 窟等。

大像窟

　　大像窟的建造也是龟兹风艺术的一个特点。

　　在龟兹地区的石窟群中，都开凿有大像窟。克孜尔石窟有十处，库车西南 30 千米的库木吐喇石窟有四处，库车东北 40 千米的森木塞姆石窟南北崖共有三处，库车西北 12 千米的克孜尔尕哈石窟也有两处。龟兹地区的大像

克孜尔石窟第 99 窟主室内景

窟开凿年代早，有完整的发展序列，大部分大像窟占据了石窟群最好的位置。可以说，开凿大像窟、崇拜大像是龟兹地区石窟艺术的一大特点。

文献记载也是如此，据《比丘尼戒本所出本末序》记载，龟兹"寺甚多，修饰至丽。王宫雕镂，立佛形像，与寺无异"，可知建造大立佛像为公元4世纪中期龟兹佛寺所习见。即使在公元7世纪初叶，玄奘路经龟兹时，仍然如此。《大唐西域记》卷一："屈支（龟兹）国……大城西门外，路左右各有立佛像，高九十余尺（一唐尺约合今0.3米，则此像当在27米左右）。于此像前，建五年一大会处。"法会期间，"举国僧徒皆来会集。上自君王，下至士庶，捐废俗务，奉持斋戒，受经听法，渴日忘疲。诸僧伽蓝，庄严佛像，莹以珍宝，饰之锦绮，载诸辇舆，谓之行像，动以千数，云集会所"。说明这时还举行一系列与大立佛像有关的佛事活动。

中原地区的大型立佛，最早遗存是北魏和平元年（460）在平城（今山西大同）开凿的昙曜五窟中的第18窟立佛和第16窟立佛，前者身高15.5米，后者身高13.5米。据说这两身立像分别是依据北魏的文成帝和太武帝的相貌特征雕造的。雕造的目的一方面是为了祈福，另一方面也是为了继续神话皇族。此两立佛晚于克孜尔石窟最早的遗迹约1个世纪。葱岭以西的大型立佛，以阿富汗巴米扬高38米的东大佛和高53米的西大佛两处最为著名。此两大佛的年代，据最新的研究，均为公元6世纪。此外，巴米扬当时的大型立佛的数量也远逊于龟兹。因此，开凿大像窟和雕塑大型立佛及围绕大型立佛进行盛大法会，或许是龟兹佛教的一个特点。它对

森木塞姆石窟第 11 窟外景

葱岭以西和中原地区同类型石窟的建造，产生了深远的影响。

方形窟

这类洞窟平面多作方形，故研究者将其称为方形窟。在龟兹石窟中，方形窟数量仅次于中心柱窟，各个石窟群中都有，流行使用的时间也最长。方形窟的主室平面和窟顶形式多样，其功能也具有多样性的特点。顶式主要有横券顶、穹窿顶、套斗顶、覆斗顶和纵券顶，纵券顶的数量较少。窟内绘塑题材内容多样，既有表现释迦牟尼的佛教故事，也有经变画和尊像图以及含有戒律意味的故事画，如库木吐喇石窟窟群区第37窟。其艺术风格多样，包含龟兹艺术的各种风格。

僧房窟

僧房窟是供僧人起居生活的洞窟，一般由甬道和居室两部分组成，有的还有小室。甬道是进入居室的通道，凿于居室的左侧或右侧，其长度与居室的进深大体相等。从甬道尽头折向右或左，通过门道即可进入居室。居室平面多作横长方形，在居室靠近门口处，多凿出或砌出灶坑。灶坑上部壁面凹向壁内形成火膛。对着门口的一侧凿或砌出禅床，供僧人坐禅、休息和睡卧之用。居室前壁中部凿出矩形明窗，有的在甬道或居室墙壁上凿一小龛，供存放灯盏等小件用品。居室和甬道顶多作纵券顶或横券顶。这种窟原来都安装木质门框和窗框，墙壁敷草泥加以修饰，上刷白灰，地面也经过修整。在印度，僧房窟一般没有侧甬道，门道直接开在主室前壁上。传入龟兹后，由于这里冬季寒冷，加上风沙大，龟兹的工匠就增加了侧甬

库木吐喇石窟窟群区第 37 窟内景

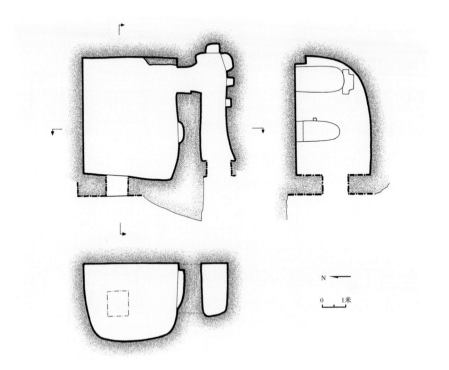

库木吐喇石窟窟群区第49窟平、剖、立面图

道这部分，明窗也变小了，从而避免了风沙大面积直接进入居室，起到了保温防风的效果。在库木吐喇石窟，这种类型的洞窟有十三个，如库木吐喇石窟谷口区第32窟，窟群区第49、69窟。

禅窟

关于禅窟，汉译佛经律典中提及不多，尤其对于其形制没有具体描述。

这类洞窟主室平面多为方形。顶部形状有拱券和平顶，未开窗，大部分窟没有壁画，有的窟壁面有简单壁画。这些禅窟除个别洞窟（克孜尔石窟第16、49、65和127等窟）外，大部分都是成群分布，反映出古代龟兹佛教集中禅修的特点。

洞窟组合形式多样，也是龟兹石窟艺术的特点。在龟兹石窟中，既有以大像窟或中心柱窟为主，僧房窟和方形窟为辅的洞窟组合，也有多中心柱窟的组合，如克孜尔石窟、库木吐喇石窟等。有些石窟中，则是以禅窟和僧房窟为主的洞窟组合数量最多，如玛扎伯哈石窟。这种多样化的洞窟组合类型，在龟兹以外的地区是非常少见的。

雕塑艺术

龟兹石窟尽管保存下来的塑像不多，但是从这些仅存的塑像中，我们也能对其艺术特点有所了解。

龟兹地区的雕塑目前保存较多的主要有两类：木雕和泥塑。

木雕

主要有佛像、菩萨、天人、雕饰、骷髅头等。其艺术风格明显受到印度秣菟罗艺术和笈多艺术的影响，同时又有自己的

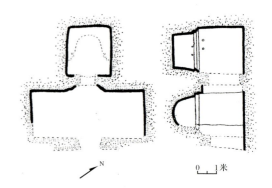

克孜尔石窟第 49 窟平、剖面图

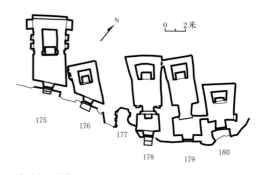

克孜尔石窟第 175—180 窟联合平面图

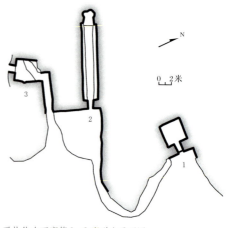

玛扎伯哈石窟第 1—3 窟联合平面图

克孜尔石窟第 76 窟出土木雕

特点。克孜尔石窟第76窟出土了四身木雕像，其中三身为立姿，一身为坐姿。从这四身木雕像上可以看出笈多时期秣菟罗佛像艺术的风范。他们的共同点是头呈椭圆状，面型浑圆，五官比较集中，发际到眉间距离较大，眉细且弯曲，高而俊俏的鼻梁与眉相接，眼睛略似杏仁状，较厚的上唇和较小的下唇显得嘴角微翘；他们都穿着袒右袈裟，衣纹使用阴刻线法或者呈凸起棱线式平行线般附着在身体上，凸显形体结构。这些都是秣菟罗艺术的典型特点。

泥塑

主要有佛、菩萨、天人、世俗人物、动物等。其风格大体分为两种。

　　一种为龟兹式。它是在吸收了印度、犍陀罗和波斯等地区的艺术元素，并结合本地的审美理念而形成的，因而在其造像上可以看到许多其他文化因素。如克孜尔石窟新1窟那尊涅槃佛像，从其身上所塑衣纹样式来观察，发现其中所包含的文化元素并不单一：尽管佛像为侧身右卧姿势，但衣纹却仍保持着直立时的那种形状，就其衣纹的走向来看，又好像衣服湿了似的贴在身上。但是对于来自不同地区的艺术元素，龟兹艺术家按照自己的审美思想对其重新进行了组合。如库木吐喇石窟谷口区新1窟右侧门道龛中坐佛，肉髻较小却较高，具有秣菟罗艺术造像的特点，但水波纹发式又含有犍陀罗艺术的元素，其风格具有混合性。

库木吐喇石窟新1窟门道右侧龛 坐佛

克孜尔石窟第 77 窟出土彩绘泥塑天人头部

此外，龟兹式塑像具有本土色彩。其特征主要是：头部椭圆，脖颈短粗。额际扁高而宽阔，鬓际到眉间的距离较长，两颐圆润，下颌短而深陷两颐中，形成所谓的双下巴。浑圆的脸上，安排着小而集中的五官，形成长眉、大眼、高鼻、纤口的特点。

另一种则为汉风和回鹘风。汉风泥塑的人物四肢圆润，凝练浑厚，强调人体的健康美；头颅方圆，面相丰满，两颊较凸，发际与眉间的距离较小，

库木吐喇石窟出土汉风艺术头像

长眉入鬓，眼角上斜，唇厚嘴小。回鹘风泥塑人物体形雄健，面形略显长圆，
眼睛呈柳叶形，鼻梁高且呈拱形。这时的泥塑多为彩塑，色泽使用得浓艳
热烈。

壁画艺术

　　龟兹石窟的艺术风格基本上分为三大体系：龟兹风、汉风和回鹘风。龟兹风是指在本地传统文化基础上，吸收其他因素，逐渐产生和发展起来的佛教艺术风格，它是龟兹石窟艺术最具特色的部分。汉风是指唐朝中央政府对龟兹实行管辖，或在丝路贸易交往时，大批汉人迁移龟兹，他们所带来的中原大乘佛教及其艺术风格。回鹘风则是公元 9 世纪西迁龟兹的回鹘人按照其审美习惯，吸收中原地区及龟兹艺术形式所创造的佛教艺术风格。

　　龟兹风

　　龟兹石窟中，克孜尔石窟是龟兹风的典型代表，库木吐喇石窟则以多样化的艺术风格并存而闻名遐迩。

　　龟兹风佛教艺术的一个重要特点是它的多元性。

　　龟兹石窟礼拜窟的主室券顶中脊常常绘有日天。日天是佛教中的天界诸神之一，掌管着太阳的正常运行。龟兹石窟中的日天形态多样，既有源于自然的圆日造型，也有身披盔甲，坐于马车之上的王者造型。后者的思想溯源显然是希腊太阳神赫利俄斯神话；而头戴虎皮帽的金刚形象更是古希腊大力神赫拉克利斯的东方翻版。金翅鸟是佛教的护法神，双头鹰形的金翅鸟反映出西亚文明对佛教造型艺术的渗透。本生故事中的粟特商人形象则是中亚地区商业文明的印记。此外，身着各种服饰、形态多样的供养人绘画反映了多元文明在龟兹地区和谐共存。

克孜尔石窟第 17 窟主室券顶中脊　日天

克孜尔石窟第 175 窟主室正壁 金刚

克孜尔石窟第8窟主室券顶中脊 金翅鸟

克孜尔石窟第171窟主室券顶 菱格因缘故事画

　　多元的文化元素给龟兹艺术家提供了丰富的养料，在他们的手中，这
些元素被巧妙地组合起来，呈现了瑰丽多姿的龟兹风佛教艺术。

　　洞窟壁画绘制上，龟兹风艺术形成了自己的特点。

　　画面构图上，与龟兹式中心柱窟的券顶结构相适应，龟兹艺术家创造
了一种独特的菱格构图形式，这种菱格构图形式一般位于主室、后室的券
顶部位，是山峦的简化形式，与正壁的影塑须弥山相呼应，营造了一种佛

克孜尔石窟第 38 窟主室右侧券腹全景

国圣山的景象。这种菱格构图形式产生了两方面的艺术效果：一方面，不同的佛教故事分别被安排在独立的菱格中，画师选取了故事中最具代表性的一到两个情景对其进行表现，一个菱格内绘一个佛教故事，从而在券顶有限的空间里绘制了大量的佛教故事画；另一方面，菱格构图与券顶相结合，增强了画面的延伸感，强化了空间的高敞效果。如克孜尔石窟第 171、172 窟。

　　色彩运用上，以蓝色、绿色、白色和土红色作为主要色彩，对比强烈，

克孜尔石窟第 114 窟主室右侧壁 说法图中迦叶

克孜尔石窟第163窟后甬道左端壁 梵摩那比丘

格调宁静庄严。尤其在主室为纵券顶的中心柱窟的券顶菱格中，如克孜尔石窟第38窟，蓝色、绿色、白色这三种颜色纵向相间排列，整齐而又有变化，极富韵律感。

线条运用上，注重线条表现的作用，使其成为主要的造型手段，线条粗细均匀，刚劲有力，富有弹性，颇有"屈铁盘丝"的效果。如克孜尔石窟第114窟主室右侧壁说法图中的老迦叶，龟兹画师通过对这种线条的运用，将老迦叶瘦骨嶙峋的筋肉跃然壁上。衣纹塑造一般用两根线、三根线为一组的形式，随着身体结构的起伏附着在形体上，是"曹衣出水"画法的最好诠释，其典型代表见于克孜尔石窟第163窟后甬道左端壁梵摩那比丘袈裟。

晕染法的运用也是龟兹风佛教艺术的一个重要特点，它是用同一色彩的不同明度，由浅入深或由深渐浅，层层重

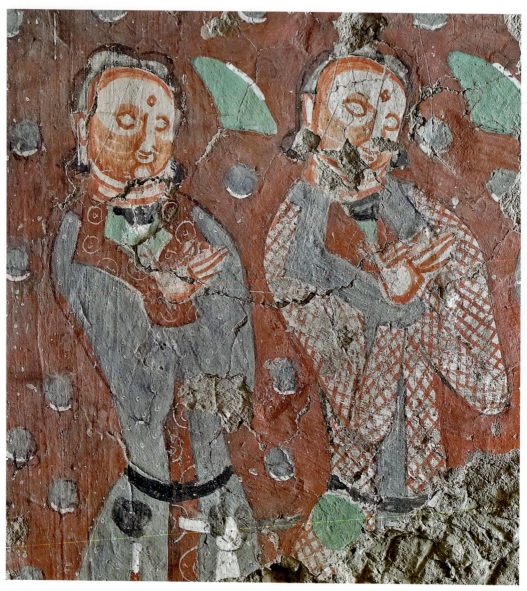

克孜尔石窟第 189 窟主室前壁 供养人

叠、层次分明地对物象加以晕染，用色阶的浓淡形成明暗，以使所染物象

具有立体感的一种画法。如第 189 窟前壁下方绘制的龟兹供养人，在给供

养人肌肤着色时，先用浅朱砂色画在人体的外轮廓上，再在上面用深朱砂

克孜尔石窟第175窟右甬道内侧壁 比丘

色提染人体结构的关键部位，形成色阶，从而使人体具有体积感。

人物造型上，以龟兹人为原型，同时将龟兹地区的审美观念和生活习俗融入其中。人体比例修长，"S"形站姿，头部呈卵圆形，额头扁平，五官集中，眼睛与眉毛间的距离较大，鼻翼较小，鼻子结构线与眉毛线的交点低于或平行于上眼睑。画师多以四分之三侧面表现人物的形态，手指由掌部到指尖造型逐节变细，指尖上翘，显得非常稚气。如克孜尔石窟第175窟右甬道内侧壁的比丘像。

纹饰一词是"图案"的传统称谓，一般是指提花织物和器物上的花纹图案总称。它具有构图的作用，但更多是具有装饰的作用，有些纹饰还有自己独特的象征意义。龟兹风艺术中的纹饰图案，主要有平行四边形纹、箭头纹、圆莲纹、仿橡纹、缠枝卷草纹和垂帐纹。

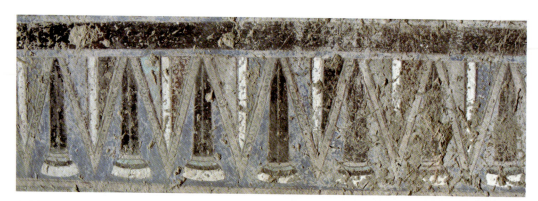

克孜尔石窟第 38 窟主室侧壁下部 垂帐纹

库木吐喇石窟窟群区第 11 窟内景

汉风

汉风艺术则是盛唐艺术风格在龟兹地区传播的结果，主要保存在库木吐喇石窟窟群区第 11、14、15、16、17 窟以及阿艾石窟中。

洞窟形制方面，出现了方形佛坛窟这种形式，如库木吐喇石窟窟群区第 11、14 窟。洞窟平面一般为方形，或横长方形，窟中出现佛坛。此类洞窟在龙门石窟和莫高窟中均已出现。而在此前的龟兹石窟中并无此类洞窟，明显是汉传佛教艺术影响的结果。

壁画题材方面，则体现为经变画以及尊像图的大量出现。经变画可辨别的有西方净土变、观无量寿经变、东方药师变、法华经变和涅槃变等，一般均绘制于主室中。除涅槃变外，画面构图多采用中堂式布局。如阿艾石窟主室正壁的观无量寿经变在中堂部分绘制西方净土世界，两侧的条幅中绘制十六观；尊像图则为成组绘出的佛与菩萨，旁边还常常有汉文题记，如库木吐喇石窟窟群区第 15 窟甬道各壁。尊像图中可辨识的有弥勒菩萨、文殊菩萨、观音菩萨、地藏菩萨、卢舍那佛、药师佛、阿弥陀佛、燃灯佛和释迦牟尼佛等。此外是汉式千佛的出现。这种千佛大多没有边栏，纵横成列排列，千佛间绘有云气纹。如库木吐喇石窟窟群区第 16 窟主室券顶所绘千佛。

人物造型体现中原汉人的特征，五官分散、眼睛细长、眼角上扬、嘴唇丰盈、下巴丰韵；手部写实、手掌宽大、手指丰满。人物塑造比例适度、面相丰腴、庄严沉静。人物衣纹线条多为兰叶描，用笔洒脱，气韵贯通。

阿艾石窟主室正壁 观无量寿经变

库木吐喇石窟窟群区第二○窟主室窟顶千佛

库木吐喇石窟窟群区第 12 窟后甬道正壁 佛像

佛衣衣着样式上出现了中原地区流行的典型袈裟样式：敷搭双肩下垂式袈裟、钩钮式袈裟和"半披式"融入"敷搭双肩下垂式"的袈裟。壁画色彩比较淡雅，多用平涂。总体色调以石绿为主，显得素淡平和。

库木吐喇石窟窟群区第16窟主室券顶 云气纹

纹饰以云气纹、茶花纹、莲花纹和卷草纹等图案为主。

回鹘风

回鹘风艺术则反映了回鹘人的审美理念。

洞窟形制主要为中心柱窟，也有方形窟，中心柱窟平面多为横长方形，正壁龛多为莲瓣形浅龛，这一时期很多洞窟主室正壁前或地面中心设有低坛。如库木吐喇石窟窟群区第13、38、45等窟。

壁画题材方面，沿袭早期龟兹风壁画中的说法图、佛本行经变和涅槃变，汉式千佛、尊像图依然流行，如库木吐喇石窟窟群区第37、42窟，可辨识的尊像有燃灯佛、阿弥陀佛、观音菩萨、大势至菩萨、文殊菩萨、地藏菩萨和不空罥索观音等。新出现了一佛二菩萨、千手千眼观音尊像、华严经变、弥勒下生经变、三世佛、十方诸佛、马头观音经变等题材，如库木吐喇石窟窟群区第10、12、41、45等窟。

构图上多沿用龟兹壁画原有形式，但有所变化，如横列构图的因缘故事，早在克孜尔石窟的中晚期就已经出现，这时则成为回鹘风中心柱券

库木吐喇石窟窟群区第 13 窟主室内景

库木吐喇石窟窟群区第13窟券顶 一佛二菩萨

库木吐喇石窟窟群区第10窟券顶 因缘故事

顶的一种流行构图样式，此种形式可见于库木吐喇石窟窟群区第10、45窟。同时，龟兹式的菱格构图也仍然使用，如森木塞姆石窟第44窟主室券顶绘菱格因缘故事。库木吐喇石窟窟群区第45窟主室前壁上方半圆壁画上的弥勒下生经变构图简洁，人物不多，与龟兹风壁画中的弥勒上生经变构图相同。

人物造型具有典型回鹘人特点：脸型方圆，额头偏窄，下颌宽大，颧骨突出；五官较集中，鼻梁挺直，樱桃小口，眉毛呈柳叶形，眼睛细长等。佛像身穿通肩袈裟，也有穿着袒右、偏衫式袈裟以及双领下垂和钩纽式袈裟的。

但是人物造型上也出现了一些当地人的特点：如佛像上眼睑呈圆弧形，眼眸为黑色，眼眶线较长而且距上眼睑较近，有些眼皮绘两至三层；手掌宽大丰韵，手指纤细，手腕较细；个别佛像肉髻为螺发式。这些均与作为典型回鹘风艺术代表的高昌地区回鹘风艺术有所不同。

这一时期壁画人物的服饰依然保留着许多龟兹本地特点。如森木塞姆石窟第44窟主室后甬道正壁所绘涅槃变，举哀人物着装龟兹化。

此外，一些尊像和供养人佩戴的耳饰依然为龟兹式的。如壁画中的大多数菩萨和一些佛陀佩戴圆环形有孔耳珰，前文所述森木塞姆石窟第44窟涅槃图里的举哀天人和力士，以及库木吐喇石窟窟

库木吐喇石窟窟群区第 38 窟左甬道外侧壁 立佛

森木塞姆石窟第 44 窟后甬道正壁 涅槃图（局部）

群区第 42 窟左甬道外侧壁立佛佩戴圆环形无孔耳珰。

　　回鹘壁画的表现形式是以线条为主，大量使用铁线描，线条遒劲有力；同时也吸收了中原式的兰叶描，增添了线条的变化形式。敷色以平涂为主，有时也使用晕染法，但已退居次要地位。壁画中大量使用土红色，并以石

库木吐喇石窟窟群区第 45 窟券顶 千佛

绿色相衬。

纹饰图案，主要有团花、宝相花、光焰纹、云气纹和水波纹等，葡萄纹为本地特有纹样。

当然，龟兹石窟除上述主要风格流派外，也还存在其他艺术流派，犍

库木吐喇石窟窟群区第 45 窟主室券顶中脊 团花图案

库木吐喇石窟窟群区第 45 窟券顶 千佛（局部）

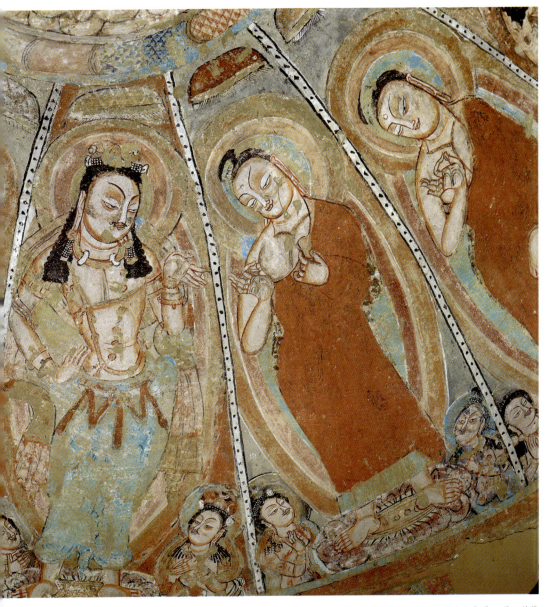

库木吐喇石窟谷口区新1窟主室券顶 一佛二菩萨

陀罗艺术风格便是其中之一。这种佛教艺术风格在龟兹佛教艺术的早期阶段影响很大，后来与龟兹风艺术风格并存了很长时间。

龟兹石窟中带有犍陀罗艺术风格的壁画主要分布在克孜尔石窟第76、

库木吐喇石窟谷口区新2窟穹窿顶 天人

库木吐喇石窟谷口区新 2 窟主室左侧壁 纹饰

77、92、118、207 和 212 窟以及库木吐喇石窟谷口区新 1、新 2 等窟。其佛像特点主要为：磨光发髻、肉髻扁平且在头顶稍前位置，束发带，发髻多为黑色；脸型方圆，额头短平；发际线距眉毛较近，双眸微闭；鼻梁挺直，与眉脊相接，鼻翼窄；嘴角深陷而唇薄，表情祥和，略带笑意。大多着赤色通肩和袒右袈裟，衣褶厚重，衣纹交叠，下垂感强。手部造型较写实，手指短粗、指尖上翘、指肚圆润。身长约为头部的五倍，身材显得短粗低矮。背后有圆轮形头光和背光，多数坐在金刚座或站立在莲花座上。天人或菩萨脸部略长，发髻离眉毛很近，眉毛到眼睛距离很宽，眼眶大，鼻直而高，颈粗细适中。头发多为波浪形卷发，披在肩上，大多上唇蓄髭。所带饰具，如臂钏和腕钏，较厚重，其画法立体、写实；璎珞常由梭形（或椭圆形）与圆形相间而成，有时连缀有水滴形坠饰。天人或菩萨常袒上身，下身着大裙或缠腰布，腰部系带，在中央打结，一边绾出圆环，带尾垂在另一边；或者腰带中有一个圆盘，两边分系于腰部。

纹饰中，忍冬纹、筒瓦纹和垂帐纹较为常见。

龟兹石窟壁画

荟萃交融的瑰宝

龟兹石窟壁画的艺术成就既基于本地深厚的文化底蕴，又因为对本地以外其他不同文化元素的兼收与融合，由此呈现出多元化特征。其佛教故事画内容之丰富，超过了世界上其他保存有此类题材的地区，被誉为『佛教故事的海洋』。

"佛教故事的海洋"

　　龟兹石窟壁画，很多反映的是小乘说一切有部的思想。说一切有部认为，释迦牟尼过去今生的修行故事是成佛的必由之路，是过去诸佛奉行"四谛""八正道"，追求涅槃的样板。

　　龟兹石窟绘制了大量与释迦牟尼有关的佛教故事画。这些壁画主要绘制在中心柱窟、大像窟和方形窟中，除天相图、佛像、天人像、讲经高僧、飞雁外，绝大部分题材和内容是与释迦牟尼有关的本生故事、因缘故事和佛传故事，其中又以表现释迦牟尼成佛后的因缘故事最多。

　　因缘故事的构图形式比较简单，一般佛位于画面正中，两侧或一侧绘出与故事有关的人物或动物。因缘故事的内容除表现释迦牟尼的事迹外，也有很大一部分是表现过去诸佛的事迹。它常常与本生故事一起绘制，但本生故事数量少，一般位于券腹的最下端，也有整个券顶都绘本生故事的。

克孜尔石窟第 110 窟主室左侧壁 太子试艺

龟兹石窟里佛传故事画主要有两种形式：一种是描述释迦牟尼从诞生至涅槃前后的"一生所有化迹"，即赞颂佛一生事迹的传记，故事情节很多，如克孜尔石窟第 110 窟；还有一种则是选取释迦牟尼一生中最重要的几个事件加以绘制，如诞生、成道、说法和涅槃，如克孜尔石窟第 76 窟。这两种形式的佛传故事画，数量少，一般绘制在方形窟中。此外，在有的中心柱窟甬道或后室中也绘塑有释迦牟尼诞生前后的故事，这种佛传图构图比较自由，释迦牟尼与其他人物大小相仿，但居于画面的中心位置。

　　此外，在龟兹石窟的中心柱窟中，释迦牟尼一生的一些重大事件，如兜率天说法、帝释窟说法、降魔成道和舍卫城神变，被绘于主室正壁或前壁的中心位置，凸显了其重要性。

　　专门表现释迦牟尼成道后的佛传故事，被称为说法图，一般绘于中心柱窟主室侧壁，有些窟也绘于甬道侧壁，在个别具有礼拜窟性质的方形窟中也有绘制。

　　另外，在龟兹石窟的一些洞窟中，释迦牟尼涅槃前后的一些题材，被集中绘在中心柱窟的甬道和后室中，反映出民众对涅槃题材的重视。

　　正是借助于有相的佛教艺术，佛教引领信众走向对无相的涅槃的认识，并通过修行最终获得解脱。

本生故事

　　本生，指佛陀前生为菩萨时所行的种种功德。《本生经》描述了释迦牟尼前世曾以国王、婆罗门、商人、女人以及象、猴、鹿、熊等各种动物

克孜尔石窟第 98 窟主室前壁　降魔成道

的身形，或为救度众生而牺牲自我，或为追求正法而精进不懈等，经历的无数难行苦行，超越了常人的想象。

本生故事图像起源甚早，在公元前2世纪印度巴尔胡特大塔的浮雕中就已经出现了。有的故事原先是流行于印度民间的寓言，如"猴王智斗水妖"曾收录于印度古老寓言故事集《五卷书》中，它们为佛教吸收，成为表现释迦牟尼前世功德的故事。

龟兹石窟中的本生故事依据其反映的思想，大致可以分为四类：布施、忍辱、精进、智慧。

布施

本义是将衣、食等物施与大德及贫穷者，至大乘时代，扩大布施的意义，亦指施与他人以财物、体力、智慧等，为他人造福成智而求得累积功德，以达到解脱的一种修行方法。小乘布施的目的，在于破除个人吝啬与贪心，以免除未来世之贫困，龟兹石窟中的布施为的也是这个目的。摩诃萨埵舍身饲虎、鸽焚身施迷路人、萨博燃臂救商客故事画反映的就是这一思想。

摩诃萨埵舍身饲虎

从前，有个国王，他有三个儿子，小儿子摩诃萨埵非常善良。

一天，全家外出野游。途中休息时，王子们来到林间，碰见一只刚生出两只小虎的羸瘦不堪的母虎，似乎想吃掉自己的虎崽。摩诃萨埵顿生慈悲之心，决定舍身饲虎。于是借口有事，让两个哥哥先行一步。等他们走远后，便投身虎前。由于老虎饥饿过度，无力吃他。摩诃萨埵便用一根锐利的木棍，朝自己身上刺去，直至鲜血涌出。老虎舐了他的血，逐渐有了力气，便开口吃肉，小老虎也跟着吃了起来。

过了很久，两个哥哥不见弟弟回来，便返回原地，看见弟弟已血肉模糊。

王后在休息时做了一个不祥之梦，醒来后惊恐地对国王说："可能儿子有不祥之事。"国王听后，立即派人寻找三个儿子。不久，两个大儿子回来告知父母：弟弟已被老虎吃了。父母一听扑倒在地，闷绝过去。苏醒后，即刻骑马赶来，见摩诃萨埵已被老虎吃尽，只剩骸骨，狼藉满地，一家人痛不欲生。天神看到后，便下到人间来开导和劝解他们。摩诃萨埵的父母听了天神的劝告之后，渐渐从悲痛中醒悟，他们将摩诃萨埵的遗骸埋葬好后，又在它的上面建起一座高塔，以作永久的纪念。

由于舍身饲虎的功德，摩诃萨埵死后变成了天神。

壁画中，这个故事一般由两个情节组成，使用的是"异时同图"的

克孜尔石窟第 114 窟主室券顶 "摩诃萨埵舍身饲虎"

方式。"异时同图"是一种艺术表现手法。画家根据"立意"的要求，将不同时间、地点出现的人物、景物等，运用连续空间转换的构图形式，巧妙地描绘在同一画幅上。一般画面的上方绘从山崖上跳下的萨埵太子，下方绘躺在地上的萨埵太子，他的一侧或身后绘一只母虎和两只幼虎，作啮咬状。

鸽焚身施迷路人

在雪山中修行的白鸽，发现一位迷路的人因饥寒交迫即将死去。白鸽衔来树枝点燃，为他取暖。迷路人数日没吃东西，根本无力行走。白鸽一边安慰他，一边振翅扑进火中。迷路人含泪吃完鸽子，按照白鸽指引的路线顺利回到家中。

克孜尔石窟第 17 窟主室券顶 "鸽焚身施迷路人"

画面左侧坐一人，右侧绘一堆篝火，火中有一只鸽子

克孜尔石窟第 114 窟主室券顶 "萨博燃臂救商客"

画面正中有一身高大人物，举起双臂，双手燃烧火焰，其右侧有一身穿着西域商旅服饰的人物，他身
后有两头毛驴

忍辱

令心安稳，忍受外在之侮辱、恼害等，亦即凡加诸身心的苦恼、苦痛，
都能忍受。忍辱包含不忿怒、不结怨、心不怀恶意等三种内涵。佛教特重
忍辱，克孜尔石窟所反映的主要是小乘说一切有部的教义，忍辱是这个部
派的修行内容之一。此类故事中最为典型的是羼提波梨忍辱截肢。

羼提波梨忍辱截肢

古时候，阎浮提有个国王进山游玩。途中休息时，宫女趁机远游，遇见大仙羼提波梨，便听其说法。国王发现宫女们与仙人独处，便质问仙人是否达到佛教的四空定、四无量心、四禅事。仙人回答："都未达到。"国王怒问："修行何事？"答称："修行忍辱。"国王当即拔剑，对他说："我倒要试试你如何忍辱。"随即断其双手，仙人说能忍，又断其双脚，割其耳鼻，仙人说还能忍。

这时，天地大震，诸天神于空中问道："受如此痛苦，忍辱之心是否改变？"仙人回答："从未变易。"诸天神又问："何以为证？"仙人说："若我忍辱至诚，身体当恢复原状。"说罢，身体即完好如故。国王见状，异常惊恐，请求仙人原谅。

克孜尔石窟第17窟主室券顶 "羼提波梨忍辱截肢"

画面中，一棵大树下有三个人物：右面是国王，他右手高举宝剑，左手叉腰，表情愤怒；中间跪一人物双手作揖，并回头看举剑者；左边绘有仙人，双手落地，但举止很淡然

须陀素弥王不妄语

古时候，阎浮提有个跛足王，以食人肉为生，众罗刹跟随他为非作歹。

一天，跛足王决定用一千个小国国王的头宴请众罗刹。随后，他就一一抓捕，很快就抓到了九百九十九个国王，还差一个。小国王们心想："现在只有须陀素弥王才能救我们。"于是就对跛足王说："须陀素弥王道行很高，如能把他抓来，你的宴会就更加丰盛了。"跛足王听完，即凌空而飞去拿须陀素弥王的头。

这一天，在须陀素弥王携带宫女出城野游洗浴的途中遇见了一个行乞的婆罗门，他答应婆罗门洗浴归来时再行布施。

须陀素弥王正在池中洗浴时，跛足王凌空而下将他劫到了山中，须陀素弥王请求给他七天时间回去向婆罗门施舍后再来赴死，跛足王将他放了回去。须陀素弥王对婆罗门进行了种种布施之后，高兴地回到了山中。跛足王见他高兴的样子，问："你回去之后得到了什么好处？"须陀素弥王说："回去之后，听了妙法。"跛足王请他将妙法讲述给他，须陀素弥王就宣说了妙法，并讲了杀人的罪过及将受的恶报。跛足王听后，很受感动和教育，立即把各国王释放了。

克孜尔石窟第 38 窟主室券顶 "须陀素弥王不妄语"

画面下部绘一水池，池中有一人正在洗澡，画面上部绘一夜叉抓住一人正在飞行

睒摩迦至孝被射

古时候，有个叫睒摩迦的仙人，父母双目失明，生活不能自理。睒摩迦自幼至孝，供养父母。

一天，睒摩迦外出提水。当时，国王正在捕猎，发现一群鹿在河边，即挽弓射之。不幸，毒箭却射中了睒摩迦。国王闻声后前往观看，心想：听说山中有仙人睒摩迦，仁慈孝顺，莫非此人就是他吗？睒摩迦回答："本人正是。我身中毒箭，体痛无所惜，唯担忧家中二老，双目失明，无人照顾。"国王急忙赶到他家，将发生的一切告诉了他的父母，并带他们赶到睒摩迦的身边。父母见到儿子后，号啕大哭，祈求天神相救。诸天神即从天而降，问睒摩迦："你是否有怨恨国王之心？"睒摩迦回答："无丝毫怨恨。"天神又问："何以为证？"睒摩迦回答："若我无怨恨之心，毒箭会自动出来，伤口会自动愈合。"说完，毒箭果然从身而出，伤口愈合。国王非常高兴，遂颁令，让全国人民向睒摩迦学习，孝敬父母。

克孜尔石窟第17窟主室券顶 "睒摩迦至孝被射"

画面下部右侧一人跪于水池前，正在用罐舀水，其右侧绘一王者正在引弓射箭。画面上部有一洞穴，有两身老者坐于其中

精进

又作"精勤""勤精进""进""勤"。即依佛教教义,于修善断恶、去染转净之修行过程中,不懈怠地努力上进。精进为修道之根本,壁画中的菩萨行慈不怖众生、虔阇尼婆梨王闻法身燃千灯正是反映了这一思想。

菩萨行慈不怖众生

菩萨对一切众生常怀无限慈悲之心。苦修时,菩萨能在一个地方端坐,只顾自身思维,而身体无丝毫晃动。这时候,有一只飞鸟在他头上做窝,他唯恐鸟儿受惊,鸟卵坠地,就一直等到鸟卵孵成小鸟。但小鸟或未长出翅膀,或虽长出翅膀,但还不能飞行,为了小鸟的安全,他可以做到纹丝不动。菩萨如此行慈,以至达到了不怖众生的崇高境界。

克孜尔石窟第38窟主室券顶 "菩萨行慈不怖众生"

画面正中一苦修者端坐于树下，头顶有一鸟窝，其中有几只小鸟

虔阇尼婆梨王闻法身燃千灯

很久以前有个名叫虔阇尼婆梨的大王，为求妙法，向全国宣告："谁能提供妙法，我愿满足他一切需要。"有个婆罗门前来献法，他说："妙法得来不易，不能随便阐说，有何报酬？"国王说："无论需要什么东西，我都会满足你。"婆罗门说："如你在身上剜燃千灯，为我照明，就为你说法。"国王立即答应，并通知全国百姓：大王决定于七日之后，为求妙法，自剜其身，以燃千灯。

到了第七天，人们纷纷赶来，奉劝大王。大王说："我是为了求法才这样做的。当我成佛之时，必先普度你们。"说完，即请婆罗门将他的身体剜成千灯。然后，国王说："请大师为我说法后，即燃灯。"婆罗门说了一段佛法后，就点燃了千灯。帝释天从天而降，问大王："现在你已痛苦至极，是否后悔？"大王回答："无丝毫悔意。"帝释天又问："看你颤抖不已，却说无悔恨之心，谁能相信？"大王发誓："若心无悔恨，身上的伤疤当即平复。"说罢，大王身上的伤疤顿时平复，恢复如初。

克孜尔石窟第 38 窟主室券顶 "虔阇尼婆梨王闻法身燃千灯"

画面中间站立一位人物，他双手合掌，周身烈火燃烧，这位人物左侧下方有一人，该人左手持一碗状物，右手也拿一物

克孜尔石窟第 38 窟主室券顶 "大施抒海夺珠"

画面中间站一人，正在全力舀水，其右前方有一天人双手捧珠作奉献状

智慧

　　佛教指破除迷惑，证实真理的识力，梵语"般若"之意译，有彻悟意。即以佛教的世界观、认识论分析判断世间万事万物为"智"，而通过这种分析得出世间万象最终为空则为"慧"。石窟中反映这一思想较典型的本生故事是五通比丘论苦之本、猴王智斗水妖和大光明王始发道心。

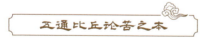

五通比丘论苦之本

　　有位高僧，精于五通之道，人称五通比丘。一天，乌鸦、鸽子、毒蛇、鹿在一起议论人世间什么最苦。乌鸦说："饥渴最苦。饥渴时四肢乏力。"鸽子说："淫欲最苦。淫欲旺盛时，连命都顾不上。"毒蛇说："邪恶最苦。邪恶一生，损人又害己。"鹿说："惊恐最苦。遇上虎狼和猎人，肝胆俱碎。"五通比丘听了它们的议论，告诉它们："你们没有说到苦的根本。天下之苦，莫过于欲望。忧愁畏惧，都源自欲望。只有舍俗学道，才能消除欲望，断绝苦根。"四禽兽听了这番论述，顿时豁然开朗。

克孜尔石窟第 17 窟主室券顶 "五通比丘论苦之本"

画面左侧有一比丘，右侧从上向下有四动物，分别是蛇、乌鸦、鸽子和鹿

猴王智斗水妖

　　过去有座大森林，那时，菩萨是猴王，率领八万只猴子，住在森林里。一天，它们来到一个从未来过的地方，游荡了大半天，想找点水喝。它们看见一个莲花池，但都没有下去，坐着等待猴王到来。猴王来后，沿着莲花池走了一圈，仔细察看脚印，发现只有下去的脚印，没有上来的脚印。它思考后，说："毫无疑问，这个莲花池是水妖霸占的。"接着又对其他猴子说道："孩子们，你们没有喝水，这事做得对。这个池子里有水妖。"水妖见它们没有下来，就跃出水面，原来它是个黑肚皮、白嘴巴、红手脚的怪物。水妖说："只要进入这个池子，哪怕一只小鸟我都不会放过。我也要把它们全部吃掉。"群猴回答说："你以为我们必须进入池子里才能喝到水吗？你想错了，我们不用进入池子也能喝到水。我们如果各拿一根芦苇秆，就像用莲花梗吸水那样，吸莲花池里的水，你就不能吃掉我们了。"猴王围绕莲花池走了一圈，命令道："这里所有的芦苇秆都自己穿孔吧！"由于猴王益世济众的伟大德行，这个命令得以生效。从此以后，这个莲花池周围的所有芦苇都长成了空心的。猴王随后拿了一根芦苇秆坐下，所有猴子也各拿一根芦

克孜尔石窟第17窟主室券顶 "猴王智斗水妖"

画面中心是一个圆形的水池，它的中央为一水怪，露出头部。水池周围有几只猴子，正在用芦苇秆吸水

苇秆围着莲花池坐下。猴王用芦苇秆吸水，坐在池边的猴子们也吸水。它们用这种方法喝水，水妖抓不到一只猴子，只得垂头丧气地离开了，猴王也带领众猴回到森林。

克孜尔石窟第 38 窟主室券顶 "大光明王始发道心"

画面中，一王者坐在一头大象上，大象受惊乱跑，国王手抓树枝非常害怕

因缘故事

因缘是梵语"尼陀那"的意译，汉译为因、因缘、缘起等，总称因缘。因缘是原始佛教的基本理论之一，也是说因果报应之理的。因缘故事画的内容以释迦牟尼讲述的种种因缘、果报、譬喻故事为主，表现释迦牟尼成道后的种种教化事迹，故其在内容上也可以说是佛传的一部分。但是在龟兹石窟的因缘故事画中，绝不见释迦牟尼降生至成道之前的事迹，显然与佛传故事又有区别。

龟兹石窟中比较有名的因缘故事有：小儿播鼗鼓戏、难陀因缘、蛤闻法升天、摩那祇女谤佛、舞师女作比丘尼和白狗因缘。

小儿播鼗鼓戏

佛前世为帝释天，见一宿友投生为妇人，成为富家之妻，十分贪财。帝释天为度化此妇，化作商人，来到她家。妇人让儿子拿凳子给商人坐，小儿动作缓慢，遭妇人责打，商人笑而不语。这时，商人又见旁边另一小儿拨弄鼓玩耍，更加笑个不停。妇人忍不住责问商人："你到我家来，为何见到我的儿子就笑个不停？"商人回答道："你与我过去是好友，你怎么忘了，我笑你儿子，因那个挨打的儿子就是你父亲的前世，你打儿即打父，你另一个儿子，前世是头牛，牛死后托身为小儿，你家用此牛皮做鼓，让你小儿

克孜尔石窟第 8 窟主室券顶 "小儿播鼗鼓戏"

画面正中绘一坐佛，佛右侧有一"胡跪式"裸体儿童，儿童左手举鼓作摇拨状，左腋下挟一鸡娄鼓，
右手作击打鸡娄鼓状。佛微微侧身面向儿童，右手作说法印

　　玩耍，岂不知鼓皮乃是他自己的呀，所以我才笑。"后来，商人为妇人讲述
了许多转世因果的道理，那妇人为自己之前的行为感到愧疚。从此，痛改前非。

　　该故事的伎乐形象还反映了东西方文化的交流。鼗鼓是中原在周代就
有的乐器，用于宗庙祭祀的"雅乐"里。鸡娄鼓则源于印度，随佛教传入西域。
鸡娄鼓之名，显然是翻译者以鼓之形状而命名。大约在西汉时期，中原的
鼗鼓传到了西域各地，并在不同地区发生了有趣的变化，即把鼗鼓和鸡娄
鼓合为一人演奏，后来，这种组合演奏的方式又传到中原地区，在唐初的
敦煌壁画中就出现了这两种乐器合奏的画面。

克孜尔石窟第38窟主室券顶 "难陀因缘"

佛陀位于画面正中，其左侧为一贫穷的女子，手持一灯作供养状

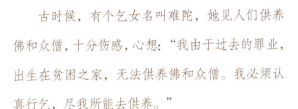

　　古时候，有个乞女名叫难陀，她见人们供养佛和众僧，十分伤感，心想："我由于过去的罪业，出生在贫困之家，无法供养佛和众僧。我必须认真行乞，尽我所能去供养。"

　　于是，难陀早起晚归，乞得一枚钱后便购买油脂，点燃一灯，给佛供养。当黑夜结束，黎明来临时，所有的灯都燃尽了，唯有这盏灯还燃烧着。难陀来到佛前，头面礼足，佛即授其记："你于来世将要作佛，名灯光，十号具足。"难陀得记后，十分欢喜，请求出家为比丘尼。

　　阿难问佛："难陀过去有什么因缘，现在贫困行乞？又因何缘值佛出家？"

　　佛说："过去迦叶佛时，有位富有的居士妇请佛与众僧去她家，而佛已答应先去一乞女家受供。此妇自以为富有，而轻视贫人，并且嫌怨佛先答应贫妇。由此因缘，五百世以来，她常生贫贱之家。又由于她过去敬心供养如来，众僧都心生欢喜，所以今后世她就能出家授记。"

克孜尔石窟第 80 窟主室券顶 "蛤闻法升天"

画面正中为佛陀，佛左侧人双手拄一木棍，木棍下为一蛤蟆

摩那祇女谤佛

克孜尔石窟第80窟主室券顶 "摩那祇女谤佛"

画面中，佛陀位于正中，他的左侧有一女子，女子身前绘一个正在掉落的木盆和一只老鼠

125

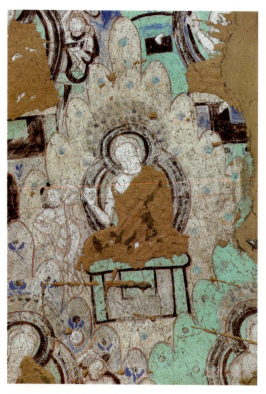
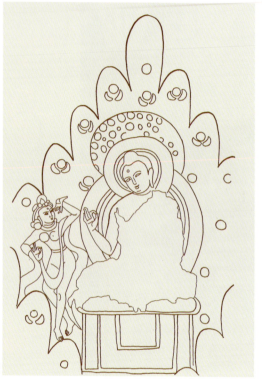

克孜尔石窟第8窟主室券顶 "舞师女作比丘尼"

画面正中为一坐佛，佛旁有一裸女在跳舞

克孜尔石窟第80窟主室券顶 "白狗因缘"

画面中，佛居中坐，其左侧有一天人，按剑而立。佛的右侧绘有一只狗，卧在一座上

佛传故事

佛传故事是描绘释迦牟尼从降生到涅槃一生事迹的佛教故事画。对于释迦牟尼的生平事迹，大小乘佛经记载不同。根据小乘佛经所记，释迦牟尼的一生始于"燃灯佛授记"，止于"结集法藏"。学者对克孜尔石窟壁画佛传故事内容做过详细的研究。佛传故事包括表现佛一生重大事迹的"佛本行"故事和表现佛"说法教化"的"因缘佛传"（亦称"说法图"）故事。在克孜尔石窟的佛传故事壁画中，主要包括以下故事：燃灯佛授记、白象入胎、树下诞生、七步生莲、出游四门、逾城出家、林中苦修、牧女奉糜、吉祥施座、降魔成道、鹿野苑说法、祇园布施、迦叶皈依、舍卫城神变、涅槃、阿阇世王灵梦入浴、八王争分舍利和第一次结集等。

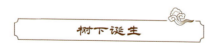

树下诞生

摩耶夫人怀胎十月快分娩的时候，带着宫女到了蓝毗尼国，她们十分安详地缓慢散步，到处观看景致。在园中有一棵大树，名波罗义，树枝柔软低垂。摩耶夫人觉得很美便举起右手抓住树枝，于是就从右肋下生下太子。太子刚出生就释放出光明，所有天界世间立刻被充分照耀。此时，帝释天从天而降，用天缯承接太子。

克孜尔石窟第110窟主室右侧壁 "树下诞生"

画面中一妇女立于大树下，右肋下生出一婴儿；又一人跪在妇女的右下方，双手拿缯欲接婴儿；妇女
身后站立一人在扶着她

　　龟兹石窟中这一题材并不多见，克孜尔石窟第110窟主室右侧壁和第
175窟后甬道左端壁上方半圆壁面上绘有这个故事。

降魔成道

　　释迦牟尼走到尼连河畔美丽的菩提树下，在一块大石头上，铺上吉祥童子所献的吉祥草，结跏趺坐，发誓说："不成佛道，不起此座。"这种惊天动地的誓言，使得天摇地动，连天上第六层寄居天的波旬魔王宫殿也震动得非常厉害。魔王有神通，用天眼一看，知道释迦牟尼决定成佛，因此心生嗔恨，坚决要去破坏。他先派了三个魔女，长女名叫悦彼，二女名叫喜心，三女名叫多媚，让她们用种种媚态来扰乱迷惑太子，而且又说了许多甜言蜜语，劝请释迦牟尼回宫，继承王位，享受荣华富贵。释迦牟尼不但不为魔女所动，还以神通力用手一指，三个魔女顷刻间变成了三个老太婆，个个都是发白面皱，丑陋不堪。魔女用尽神通，也无法改变这种丑

态。波旬魔王知道他的魔女美人计失败之后，心里更加忿怒，就亲自带领许多魔兵魔将，用刀枪剑戟种种武器，向太子发动进攻。释迦牟尼再次显神力，战胜了魔王，并最终成道。

　　龟兹石窟中现存和流失海外的降魔成道的壁画有十幅左右，大部分出自克孜尔石窟，如第 76、98、110、175、198 和 205 等窟，重点表现的是众魔怖佛的情节，有的窟里表现魔女诱惑这个场景，克孜尔石窟第 76 窟同时表现了这两个场面。

鹿野苑说法

　　释迦牟尼成佛后，决定选择曾经追随他修道的憍陈如等五人作为首次说法的对象，他在鹿野苑找到了他们。鹿野苑位于古印度中部，这里因为野鹿经常出没，故而得名。此外，过去迦叶佛也曾经居住于此。释迦牟尼向五人宣说了佛教的最基本法要：四谛、八正道等，五人成为释迦牟尼的第一批弟子，佛教历史称之为"初转法轮"或"转妙法轮"。这一事件标志着佛教僧伽集团开始形成，是公认的佛教事业的起始。

图下方是"鹿野苑说法"的标志：法轮、三宝标及两侧对称的鹿

国王及王后供养像

礼佛天人

"五比丘"身后绘有头光的人物，
描绘的是前来闻法的天人

　　"鹿野苑说法"在克孜尔石窟第 43、69、76、80、92、98、110、189、193、205、207、224 窟和森木塞姆石窟第 42 窟均有图像遗存。克孜尔石窟第 69 窟是"鹿野苑说法"最重要的图像。该图绘在中心柱窟主室前壁上方，画面较大，人物众多，内容丰富。

印度摩揭陀国王频婆娑罗（又译洴沙王、汉译影胜王）深信佛教，释迦牟尼成道后首先受到频婆娑罗王的供养，施与佛陀竹林精舍，供佛陀与弟子修行与生活。"降伏六师外道"事件就与频婆娑罗王有直接的关系。频婆娑罗王笃行佛法，但其弟却敬奉、供养六师。频婆娑罗王劝弟奉佛，但弟执意不肯。频婆娑罗王即召集大会，请佛陀与六师都来接受供养。经过十余日曲折紧张、惊心动魄的较量，在梵天、帝释天的护持下，佛最后击败了六师外道。

六师是佛陀时代印度中部出现的六种反对婆罗门思想的自由思想学派，当时在印度有很大的影响。佛教出于自身的利益将这些同属当时反对婆罗门统治的进步思潮，一律视为"外道邪说""八邪行"等。批判和粉碎六师外道的故事，佛教中记载很多，《贤愚经》中的《降六师品》是描述降伏六师最精彩、最具故事性的一段。

中央坐佛

佛陀居中央交脚坐于金刚座上，右手高抬作说法印，头上方有一列七身坐佛

上方的两天人

佛陀右侧为频婆娑罗王及其眷属

　　"舍卫城神变"图像，保存在克孜尔石窟第80、97、114窟。第80、97窟绘在中心柱窟主室正壁上方，第114窟绘在主室前壁门上方。其中，第80窟图像内容丰富，场面宏大；第97窟人物造型生动、画面紧凑。此二幅图像均为此题材图像的上乘之作。

克孜尔石窟第 69 窟主室前壁 "鹿野苑说法"

比丘

佛左右排列"五比丘"，其中，佛右下方的比丘，双手合十

中央是结跏趺坐的佛陀

六师上方一金刚力士举金刚杵从天而降，此正是"金刚密迹，捉金刚杵，杵头出火，举拟六师"的情景

佛陀左侧为六师外道，前三人坐于高"束帛座"上

克孜尔石窟第80窟主室正壁 "舍卫城神变"

佛陀脚下是一饿鬼和一在火上烧煮的大釜，釜中有四个人头。此为佛陀降伏六师外道后，地狱亦受震动，诸受罪人纷纷显现，自说罪恶

迦叶皈依

　　大迦叶又称迦叶波、迦摄波，是佛陀十大弟子之一。他人品清廉、洁心寡欲、修道笃勤，深受佛陀信赖，曾受佛陀赐半座之优待。佛陀灭度后，他成为僧团的统率者，于王舍城召集第一次经典结集。大迦叶出身王舍城婆罗门家，皈依佛教后八日即获阿罗汉果位。迦叶与另一弟子阿难成为释迦牟尼最亲近的弟子。佛诸弟子，在皈依佛教后，受佛陀的教诲，不断提升自己的修行水平和解脱的层次。而大迦叶却是自己在不断寻求解脱方法的过程中，遇到佛陀。当遇见佛陀时，他主动皈依，精勤修道，速达阿罗汉果位。

　　身着"田相衣"，面目苍老，头发胡须为蓝色，这是龟兹石窟大迦叶特有的造型，已成范式。大迦叶的"田相衣"是佛陀特意赠予的，《佛本行集经》记载，释迦牟尼曾经将自己的衣服给大迦叶，让他裁剪成条状后，再缝制成衣服，以换掉大迦叶身上穿的粪扫衣，因为大迦叶年纪大了，粪扫衣过于粗陋，对他的身体不好。

　　龟兹石窟"迦叶皈依"图像大多与"优楼频螺迦叶兄弟皈依"结合在一起，但也有专门描绘"迦叶皈依"的图像。库木吐喇石窟窟群区第23窟主室右侧壁就保存有一幅。

克孜尔石窟第 98 窟主室右侧壁 "迦叶皈依"

佛居中央，脚下是顶礼膜拜的大迦叶。佛陀右侧为摩揭陀国频婆娑罗王及眷属等，上部是诸天人前来朝贺

佛履三道宝阶降还

释迦牟尼出生七天，生母摩耶夫人即命终升忉利天（又称三十三天）。释迦牟尼在憍赏弥国说法时，觉得当地"四众"多有懈怠，于是决定离开世间一段时间，以使"四众"渴望真法，便升至忉利天为母说法三个月。当时印度国王波斯匿王、优填王、恶生王、优陀延王、频婆娑罗王及"四众"，因久不见佛陀而深感思念。鉴于这种情况，目犍连到忉利天向佛陀转达世间"四众"的要求。佛陀为母说法后，即从忉利天下还世间。帝释天命巧匠天子化成三道阶梯，供佛陀踏阶而下回到人间。随之就向"四众"说法。

"佛履三道宝阶降还"题材，有的绘在中心柱窟或方形窟主室前壁上方，作为佛传的组成部分出现，如森木塞姆石窟第 48 窟。也有的绘在中心柱窟甬道的侧壁，作为涅槃的一部分，如克孜尔石窟第 178 窟。

森木塞姆石窟第 48 窟主室前壁的画面中央是高大的立佛，佛双脚各踏一莲花，从三道阶梯走下。宝阶中央一道为金色，佛左边一道绘出横纹和圆点；佛右边一道为绿色，亦有花纹。正如

森木塞姆石窟第48窟主室前壁 "佛履三道宝阶降还"

佛经所记："中央阎浮檀金，左用瑠璃右用马瑙，栏楯雕镂极为严丽。"佛右下侧，为优填王胡跪于地，双手捧椭圆形的旃檀木佛像，仔细观察尚可见到佛陀脚踏莲花，身光四射。佛左下侧，跪一比丘，此为大目犍连。其后跪一人，可能是代表赡部洲"四众"迎接佛陀。大目犍连一侧，卧有一象一马。其上一人，穿带三角翼的服装，为武士装束，此描绘的应该是"欲界诸天而为侍从"的情景。

此图没有如犍陀罗石雕那样出现梵天、帝释天左右胁侍下三道宝阶的情景，而是突出了优填王与大目犍连的形象。优填王造佛像的故事，被称为是佛像的起源，为佛教美术界所乐道，龟兹石窟"佛履三道宝阶降还"图像，为佛教美术中罕见的资料。

涅槃

释迦牟尼在毗舍离城，接受了铁匠纯陀供献的食品，病情更加恶化。最后走到拘尸那迦一条河边，洗了澡，在一处四方各有两棵娑罗树的中间安置了绳床，枕着右手侧身卧着。佛陀告知弟子们他将要涅槃，弟子们都守护着。夜间婆罗门须跋陀罗去见佛陀，佛陀唤他到床前为他说法，于是须跋陀罗成为佛陀最后的弟子。半夜时候，佛陀又为弟子及信众作了最后一次说法，并嘱咐弟子不要因为失去了导师而放逸，应当以戒为师，以往为师，要努力精进，最终解脱。说法后，佛陀就涅槃了。

佛教所说的"涅槃"并不是指离开了人间、失去生命，而是指佛教徒经过种种苦修和善行后所能达到的最高境界，即人们脱离人生中的各种苦难烦恼，进入永远没有生老病死和轮回之苦的极乐世界。因此佛教徒们以释迦牟尼入灭前的经历以及丧葬的经过，加上浓厚的"涅槃"宗教幻想色彩，编成了一部《涅槃经》。

涅槃题材在龟兹石窟中非常普遍，表现方式有两种：一是壁画，二是绘塑结合。绘塑结合主要出现在一些规模较大的中心柱窟中，如克孜尔石窟第8窟。涅槃题材构图繁简不一：最简单的仅一卧佛，双足下跪一比丘；一般的构图，多在卧佛上方绘出诸天、四大天王和弟子多身；较为复杂的画面中，添加须跋陀罗身先佛入灭、迦叶礼佛足、密迹金刚哀怜和举哀的世俗人物等内容。

龟兹石窟的中心柱窟和大像窟的后甬道或后室正壁绘有释迦牟尼在娑罗双树下涅槃的情节。涅槃佛的身后往往绘有梵天、帝释天、四大天王、比丘以及飞行于空中散花的伎乐天等。

涅槃是克孜尔石窟壁画中特别突出的题材，中心柱窟的甬道和后室都属于涅槃系列内容的表现范围。早期涅槃的内容比较简单，仅在后室（后甬道）正壁画佛涅槃像和梵天、帝释天及众举哀弟子，两侧甬道多绘舍利塔。公元6—7世纪，涅槃内容逐渐扩展，发展为情节完整的涅槃系列故事画，包括：佛以神力渡恒河、阿阇世王闷绝复苏、度善爱乾闼婆王、须跋陀罗皈依、焚棺、八王争分舍利、第一次结集等。

克孜尔石窟第 171 窟后甬道正壁 "涅槃"

　　焚棺也称为"荼毗"，这二字是梵语的发音，意译为燃烧、焚烧。但是这个焚烧，不是一般所说的焚烧木柴、焚烧垃圾等，主要是指佛教的火葬，尤其指僧人死后的火葬。荼毗是佛涅槃后重大的礼葬活动。

"焚棺"题材在龟兹石窟中有较多的图像遗存，以克孜尔石窟最多，主要分布在第4、7、27、34、58、新1、80、98、101、114、163、175、179、192、193、205、224、227窟。其中第114、205、224窟比较完整，且内容各有不同。

第 114 窟绘于后甬道正壁，描绘佛陀金棺正在熊熊焚烧，靠近金棺的一天人手执长杆，杆上端有一罐状物，表现比丘用牛乳浇火的情景。第 205 窟的"焚棺"内容有所不同。佛陀的盖棺上烈火燃烧，棺盖被阿难托起，佛陀帛条缠身，脚下方有三身比丘弟子。金棺上方左右两边共出现天人三身，其中右面一身天人举璎珞从天而下，金棺左下方一天人装者表情沮丧胡跪式向佛陀伸出双手。图中四身比丘应该就是阿若憍陈如、阿难、十力迦叶和大迦叶。

第 224 窟"焚棺"上方，出现天人、拘尸那民众举哀的场面，在构图上很有特色。最上方是券顶上的伎乐天。其下一列栏楯上有十人，他们以各种姿态与表情表达着对佛陀涅槃的悲痛心情。特别引人注目的是几身身着龟兹世俗服装的男子，有的用刀劙面，有的自拔头发。其中一男子光头垂发辫，形象与众不同。根据第 224 窟年代数据和龟兹历史资料分析，此为突厥人无疑。近年在克孜尔石窟收藏的吐火罗文资料中，发现了突厥人在龟兹活动的记录。文字与图像资料互为印证，对研究龟兹唐代历史、民族关系等有重要的参考价值。

克孜尔石窟第 8 窟后室前壁 "八王争分舍利"

八王争分舍利

佛陀涅槃荼毗后，遗骨焚化出舍利。八国纷纷提出索要佛陀舍利，并在各自的国家建塔供养。上至国王，下至民众，积极备战，一时剑拔弩张，战争一触即发。后来拘尸那婆罗门多卢那见诸国即将爆发战争，挺身而出，向诸国告言：如果爆发战争，就违背佛教精神，佛陀涅槃才七日，就兴兵争斗，实在违反佛意。多卢那提议将佛舍利平分为八份，满足各国的要求。各国欣然接受多卢那的建议，于是避免了一场战争的发生。

在龟兹石窟中，"分舍利"题材是涅槃事迹中重要的内容。许多中心柱窟后甬道（后室）都有图像。现可寻的有：克孜尔石窟第4、8、27、34、58、新1、80、98、101、114、163、175、179、192、193、205、224窟；库木吐喇石窟窟群区第46窟；森木塞姆石窟第30、41、44、45窟；克孜尔尕哈石窟第11、14、46窟。其中克孜尔石窟第8、163、224窟保存比较完整。画面繁简不一，较简单的仅绘出婆罗门多卢那居中，双手捧舍利盒，两侧绘三身或四身手持舍利盒的国王。较复杂的画面同时绘出六个或八个国王，身着甲胄、乘象马，手持兵杖围于城门前共争舍利的情景。

第一次结集

结集，又译集法、集法藏、结经，为"合诵"之意。佛陀入灭的第七天，大迦叶赶到拘尸那，并以上座的身份，主持佛陀遗体的荼毗大典。他召集了在各地传教的僧团长老，主持了佛教史上第一次结集。

第一次结集之前，阿难受到了以大迦叶为首的众比丘的严厉责难，说他还是个修习中的人，没有资格参加结集，但阿难与佛陀最为亲近，佛陀的教法他最清楚，没有阿难如何进行结集？因此，大迦叶又告知阿难："你要精进修行，能获阿罗汉果位就可以参加结集。"阿难感激大迦叶的指点，便速去修行，经过勤奋努力，终获阿罗汉果位，并且参加了第一次结集。

第一次结集完成了佛陀"遗法"的传承，佛教得以继续发展。不论对大迦叶与阿难在佛陀涅槃后一段争执纠纷怎样评论，他们在继承佛教事业上的贡献都是不可磨灭的。

大迦叶居上，一手指跪地的阿难

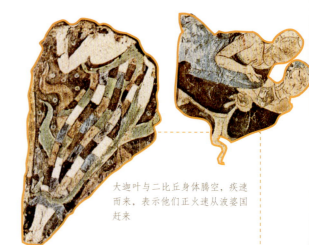

大迦叶与二比丘身体腾空，疾速
而来，表示他们正火速从波婆国
赶来

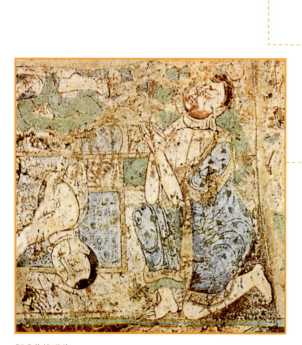

阿难伏地叩首

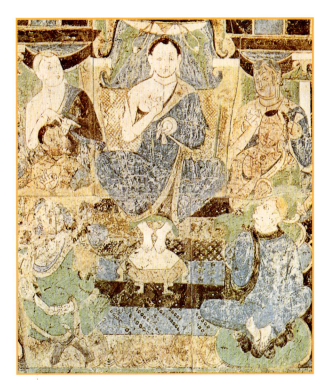

阿难坐于高座上，手结说法印。其两侧各有三身比丘在听法

克孜尔石窟第 224 窟左甬道外侧壁 "第一次结集"

　　克孜尔石窟第 224 窟 "第一次结集" 是
最完整的一幅图像，此图内容可分两部分：
左面图像表现的是第一次结集过程中，大迦
叶与阿难的一段纠葛争执的描述；右面图像
表现的是阿难诵经的情况。

克孜尔石窟第 175 窟主室正壁 "梵天劝请"

　　佛成道后，认为自己所觉悟的真理深刻难察，众生难以理解，故欲"自取涅槃"。佛教文献上将这个事件称为"释迦掩室"。据佛经记载，在克孜尔石窟许多洞窟的主室正壁，用塑绘结合的形式表现了这一重大题材，并表现了帝释天携般遮翼（即五髻乾闼婆）弹琴吟唱启请说法的情节。在克孜尔石窟许多中心柱窟中都有这一题材，如第 8、100、175、224 窟。

克孜尔石窟第196窟主室券顶 "降伏火龙"

　　龟兹石窟中很多地方绘有"降伏火龙"的壁画，有的比较简单，仅绘出释迦牟尼将毒龙置于钵中的情节，如克孜尔石窟第189窟主室券顶；也有的绘出毒龙和佛陀较量，缠住释迦牟尼，迦叶诸弟子前来救火的情景，如克孜尔石窟第192窟右甬道内侧壁、第196窟主室券顶和第205窟主室前壁门道左侧壁。

佛以神力渡恒河

　　行雨大臣邀请佛陀及弟子到其宅所受供养，佛陀欣然接受。佛陀及众比丘在行雨大臣宅所受到优厚的供养。佛陀接受供养为行雨大臣宣说妙法后，离开行雨大臣官邸，赶到恒河边。但打算渡恒河的民众非常拥挤，难以过河，佛陀便施"神通力"携众比丘越过恒河。后来行雨大臣为报佛恩，在佛陀出城处建门楼，并命名为"乔达摩门"，将佛渡恒河的渡口阶道命名为"乔达摩路"。

　　这个故事在克孜尔石窟第 189 窟主室前壁和第 224 窟右甬道外侧壁有绘制。

克孜尔石窟第 224 窟右甬道外侧壁 "佛以神力渡恒河"

克孜尔石窟第205窟右甬道内侧壁 "阿阇世王闷绝复苏"

　　此题材是龟兹石窟涅槃题材图像中，非常突出的故事，是本窟右甬道最重要的内容，但较完整的画面所存不多。克孜尔石窟第4、98、101、178、193、205、219、224窟尚有保存，其中，第205窟保存得最为完整。图的左上部，中间坐者为阿阇世王，其身后为王后。行雨大臣在向阿阇世王讲述佛已涅槃的事实。中部是行雨大臣手持布帛，帛上绘出佛陀树下诞生、降魔成道、初转法轮和涅槃的情节，暗示佛陀已涅槃。图的右上部是阿阇世王坐在苏香水罐中，双臂高举，表示出悲愤的情貌。

图下半部绘出倒塌的城墙，大海中倾倒的须弥山和日月，描绘佛陀涅槃后惊天动地、大地倾覆的震撼场面。

克孜尔石窟第7、80、163、171、172、175、178、224窟均绘有此题材图像。画面中，善爱乾闼婆王与眷属位于佛涅槃像头一侧，善爱乾闼婆王的眷属弹奏弓形箜篌，善爱吟唱，二人舞姿翩翩，造型优美。

克孜尔石窟第171窟后甬道右端壁 "度善爱乾闼婆王"

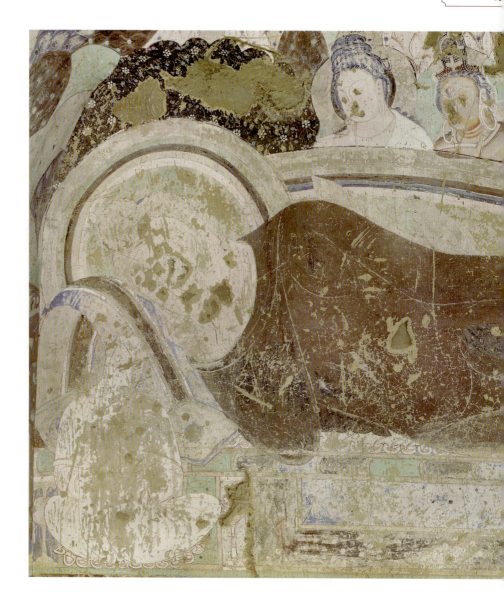

克孜尔石窟第38窟后甬道正壁 "须跋陀罗皈依"

　　龟兹石窟佛涅槃故事画前大多绘塑有"须跋陀罗皈依"的画面。图像比较清晰的有克孜尔石窟第38窟，须跋陀罗的形象是：披白色袈裟，面向佛像，坐于地上。

克孜尔石窟第84窟主室正壁 "度菴摩罗女"

　　龟兹石窟壁画里还有一种十分突出的题材——说法图。说法图表现释迦牟尼成佛后，在各地教化众生、广生，广说苦、集、灭、道四圣谛的业绩，实际上也是佛传故事。其构图是：佛居中心，形体高大，坐于金刚座上，两侧分层布置菩萨、四众（比丘、比丘尼、优婆塞和优婆夷）和伎乐，下层是被度化的人物和情节。伎乐多绘在第一层或第二层，紧靠佛身，且尤以演奏乐器者为多。"度菴摩罗女"和"难陀出家"则属于这一题材。

　　克孜尔石窟第84、100、178窟存有"度菴摩罗女"画面。图中佛陀一旁绘几乎全裸的菴摩罗女，双手合十，作虔诚皈依的表示。其下方，绘出横卧于地的菴摩罗女，表示原来那种"庄严隐陋形，诱诳于愚夫"的艳丽外形已经"逝去"，按佛陀的教诲已经"厌离于女身"，真心皈依了佛门。

高居金刚座上的佛陀

克孜尔石窟第 206 窟主室右侧壁 "难陀出家"

难陀跪于佛前，其身后的孙陀罗盛装艳丽，雍容华贵，显示皈依
前受人敬重、享乐无度的贵族身份

前来赞叹护卫的天人

可能是释迦族"诸有漏心得解脱"的部众

全副铠甲的金刚力士

神秘的天相图

天相图是描绘佛教世界模式的图像，凝聚原始佛教的宇宙观。龟兹石窟天相图有自己的思想内容和独特的艺术形式，形式固定，成为"模式"，而且贯穿于龟兹石窟的始终，是龟兹石窟富有特色的艺术形式之一。

天相图主要由日天（日神）、月天（月神）、立佛（比丘）、风天（风神）、金翅鸟、雨神（龙）等组成，有的还有大雁出现。

龟兹石窟天相图主要分布于中心柱窟的主室券顶中脊，此外在中心柱窟、大像窟的甬道（后室）顶部，中心柱窟主室正壁龛顶中脊，方形窟的券顶中脊也有少量的分布。龟兹石窟天相图有一部分残损严重，故本书将保存较完整的中心柱窟主室中脊的天相图作为主要研究材料，兼及分布于其他部位的相关材料。

日天、月天、金翅鸟、风神、雨神为自然界的抽象。龟兹石窟天相图凝缩了龟兹佛教的宇宙空间与时间的概念。

日天

日天，又作日天子、日神，指佛教中居住于日宫的天神，隶属欲界的四天王天，佛陀说法时常追随于左右。据《长阿含经》记载，起世之初，没有日月。随后，暴风吹散海水，形成日天宫殿。宫殿位于须弥山半山腰，绕须弥山而转，东出西没。关于其形态，经书记载："宫殿四方远见故圆，寒温和适，天金所成。"另据《起世经》记载，日天子坐辇车中，他的光辉穿透辇车、日宫，照耀四大洲和整个世界。

日天位于中脊里端或外端，其形象主要有两类。一类是人形日天，一般为天王形象，头戴宝冠，身披盔甲，胸前有十字束索，身后有三角翼，下着短裙，赤足交脚坐于马车上，一手放于腿上，一手举起，有头光和身光，其身后绘出日宫。此类日天有一简化形式，即其座下马车简化为一双轮车。这应是较晚出现的形式。另一类日天为日轮形状，一般为圆形，其周围有大雁。接近于这种形态的日天出现很早，在谷内区第118窟就有绘制。在

克孜尔石窟第 38 窟主室券顶 日天

后来日益流行的中心柱窟中，人形日天的第一种样式首先出现，如谷西区第 7、17 窟，但并未流行，而是此类日天的第二种样式大行其道。

月天

月天，又叫作月天子、宝吉祥天子。其形象与日天相似，他发出的光芒为白色，而日天为红色。相关佛经的记载也与日天大致相同，只是光芒

克孜尔石窟第 38 窟主室券顶中脊 月天

较弱，且有变化。月天住于月宫殿中。在佛教艺术中，月天一般与日天同时出现。其形态分为三类：一类为人形月天，与人形日天大体相同，差别是月宫的背景为白色，其来源应与人形日天相同；一类为圆月或新月；另一类则是在圆月中绘出一兔。克孜尔石窟第 34 窟、森木塞姆石窟第 48 窟和玛扎伯哈石窟第 42 窟均有此类图像保存。

森木塞姆石窟第 48 窟主室券顶中脊 月天

月中出现白兔的来历，据《大唐西域记》记载，是帝释天将兔王焚身后的骸骨寄于月中，传于后世，以资纪念。关于月中显现白兔，在南传佛教有另一种传说。据《小部》载：过去菩萨为猴王时，为了避免众小猴被水妖吃掉，用神通力将芦苇内部结节打通，令小猴用芦苇吸水。此为菩萨显现的四种神变之一。南传佛教记载，月中现白兔也是释迦菩萨的神变之一。但月中现兔是印度古老的传说。

立佛

立佛身上绘出绿色的水纹和红色的火焰，表现了佛身出水出火的神迹。佛教认为禅修可以获得神通，其中出水出火属于神足通。佛经中记载了许多佛的神通故事，最为有名的就是舍卫城神变。另外，《增一阿含经》卷二十二描述，信佛的须摩提女嫁给了事外道的大富豪满财长者的儿子，乞求佛陀至其夫家接受供养，佛陀为了要度化须摩提女供养外道的夫家，就和大弟子们展现神足通飞行及变化种种神通力，而使事外道的夫家立即改信佛教。《增一阿含经》卷九还描述了佛陀的堂弟难陀出家后，仍喜打扮并不能忘情于俗家妻子，几度想还俗，佛遂以神通力带难陀上天堂、游地狱预见自己未来果报，终使难陀有所警惕而精进修行成阿罗汉。克孜尔石窟中将佛绘于代表天空的天相图中，正是对其上天入地超凡能力的展现。

风天

风天，又作风神。由于风的作用，我们生活的宇宙才得以产生。《起世经》记载，风神为佛教四大神之一。《立世阿毗昙论》记载风界的位置、范围，并阐明它是宇宙运动的动力。《长阿含经·世本缘品》所载，由于风的作用，产生了太阳，以后继续受风的影响。

风天不仅在天界有"呼风唤雨"辅佐日天的作用，还在佛陀世间弘扬佛法时，尽其护卫的职能。

龟兹石窟天相图中的风神形象多为女性，仅绘出半身像，其丰乳突显，身体前倾作运动姿势，嘴作吹气状，两手各持风带一端，风带位于身后或裹住全身。风神在希腊、印度等地的神话中都有记载，萨珊波斯的艺术品中还有女性风神的形象。

在犍陀罗地区出土的一件雕刻品上也出现了女性风神的形象。在此件雕刻品的上部正中雕刻一男人头像，雕刻品的中部两侧各雕刻一女性风神。两身风神均立姿，两手各执风带一端

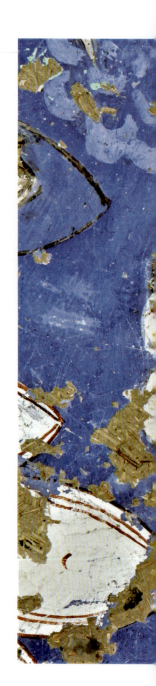

克孜尔石窟第 38 窟主室券顶中脊 风神

森木塞姆石窟第11窟左甬道券顶中脊 风神

作起舞状，风带位于风神头部后上方。雕刻品的下部正中雕刻一人，坐于一异兽上。将这些图像进行对比，我们可以看出克孜尔石窟中的女性风神形象是在犍陀罗艺术的影响下产生的。

金翅鸟

金翅鸟，又名迦楼罗鸟，意译作食吐悲苦声。依佛典所载，金翅鸟的

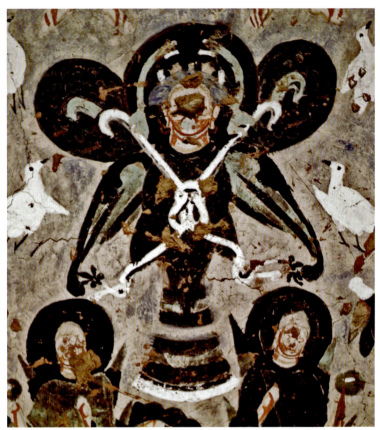

克孜尔尕哈石窟第 11 窟主室券顶中脊 金翅鸟

翅膀是由众宝交织而成，所以称为金翅鸟或妙翅鸟。这种鸟的躯体极大，两翅一张开，有数千余里，甚至数百万里之大，它住于须弥山下层。其最主要特色，便是以龙为食物。金翅鸟为佛教护法八部众之一，有时它还被用作对佛的比喻。《大智度论》卷二十七记载："譬如金翅鸟王普观诸龙命应尽者，以翅搏海令水两辟，取而食之。佛亦如是，以佛眼观十方世界五道众生，……除三障碍而为说法。"故在龟兹石窟中，金翅鸟多绘于天相图的正中。

克孜尔石窟天相图中的金翅鸟有两种类型：一是鸟形，两翼张开作飞行状，双头或一头，嘴叼数蛇（龙），表现了金翅鸟吞食诸龙的情况。二是人面鸟身，一般戴宝冠，鸟嘴，亦叼数蛇。在这些形态中，最早出现的应为鸟形一头的金翅鸟，如第 118 窟；而后是鸟形双头金翅鸟，如第 38 窟；最后是人面鸟身金翅鸟，如第 171 窟。鸟形金翅鸟的图像在公元前 2 世纪至公元 1 世纪的印度和犍陀罗出土雕刻品中均有发现，在云冈石窟第 9、10 窟也见到了类似的造型，而这两个窟开凿于公元 5 世纪末，说明这种形态的金翅鸟这时也已传到了中原。

雨神（龙）

一般谓雨神（龙）为住于水中之蛇形鬼类，具有呼风唤雨之神力，亦为守护佛法之异类。群龙之首，称为龙王或龙神。经典中有关龙之故事甚多，并绘有种种龙王像。在印度神话中，它们为蛇之神格化，乃人面蛇尾之半神，住于地下或地下龙宫。据《正法念处经》卷十八《畜生品》载，龙王分为法行龙王、非法行龙王两种。法行龙王嗔恚之心薄，忆念福德，随顺法行，它们有的护卫诸天宫殿；有的依时降雨，令世间五谷成熟，施惠于人间；有的控制大地上的江河湖泊，使它们顺畅流通。非法行龙王不顺法行，行不善法，不敬沙门、婆罗门，以恶心起恶云雨，令一切五谷皆悉弊恶。据《佛母大孔雀明王经》卷上载，龙王或行于地上，或常居于空中，

克孜尔石窟新 1 窟左甬道券顶中脊 雨神

或恒依妙高山，或住于水中；或一首、二头乃至多头之龙王；或无足、二足、
四足乃至多足之龙王等。此外，亦有守护佛法之八大龙王及龙女成佛之记载。

　　龟兹石窟天相图中雨神的形象是在浓密的云团中绘出多条蛇。图像比
较图案化，但正是"兴云致雨"的情景。

奔腾欢快的乐舞艺术

古代龟兹地区乐舞艺术发达，大唐高僧玄奘称其"管弦伎乐，独善诸国"，就是最好的注脚。这种情况在龟兹壁画中也有所反映。

龟兹音乐

"龟兹乐"中有很多龟兹本地的乐器，但长期以来，有些乐器被误认为来自西亚及南亚的印度。通过史籍文献的记载，属于龟兹本地乐器的有五弦琵琶、阮咸、筚篥、腰鼓、毛员鼓、都昙鼓、羯鼓和答腊鼓，共计八种。除了龟兹乐器被带入中原，中原的乐器也输出到了西域。在龟兹壁画中有许多来自中原的乐器，它们是筝、排箫、笙、齐鼓、拍板等。还有一部分是来自西亚及南亚的印度，其中有曲颈琵琶、竖箜篌、凤首箜篌、贝、铜钹和手鼓等。聪明的龟兹人对乐器的改造和对演奏法的改革，大大推进了乐器的发展。

龟兹乐器博采众长，丰富多彩，对繁荣龟兹当地的音乐以及对乐器形制的发展都作出了不可磨灭的贡献。根据洞窟壁画、出土文物及有关史籍记载等可知，古代龟兹地区先后使用过二十余种乐器，这些乐器，可分为拨弦、吹奏和打击三种类型。

克孜尔石窟第 8 窟主室东壁 五弦琵琶

五弦

　　五弦全名为五弦琵琶，在龟兹地区的石窟群中是出现频率最高的乐器，位列第一。五弦产生于龟兹，是龟兹当地固有的乐器，后由西域艺术家们传到中原。《文献通考》中记载："后魏宣武之后酷嗜胡音，其乐器有屈茨琵琶。"《通典》中记载："后魏平中原，复获之。有曹婆罗门，受龟兹琵琶于商人，代传其业，至于孙妙达，尤为北齐文宣所重。"《北史·恩幸传》中记载："其曹僧奴、僧奴子妙达，以能弹胡琵琶，甚被宠遇，俱开府封王。"这里说的"屈茨琵琶""龟兹琵琶""胡琵琶"指的就是五弦，《汉书》称之为龟兹琵琶，则说明这种五弦琵琶是龟兹的乐器。曹僧奴、曹妙达、白明达、苏祇婆、裴神符等都是西域的琵琶演奏家，是他们将五弦琵琶带入中原，并普及了五弦琵琶的演奏。从弦数来看，龟兹琵琶用的是五根弦，然而印度的琵琶只有三弦，从理论上说印度不通用五弦乐器，如今印度使用的乐器也只有三、四、六、七、八、九等不同弦数，唯独没有五根弦，尽管在印度阿旃陀石窟第 1 窟壁画上绘有一个弹五弦琵琶的伎乐形象，但据考古学家鉴定，该洞开凿于公元 600—650 年间，比龟兹五弦琵琶晚了将近 700 年。此外，克孜尔石窟第 77 窟中出现的三弦阮咸，是今日三弦的前身；克孜尔石窟新 1 窟中画的三弦棒状琵琶，是当今维吾尔族弹拨尔的前身；文献中有波斯于公元 15、16 世纪才出现三弦的描写，这些都确切地说明了三弦出于龟兹，波斯的三弦是由龟兹传入的。

曲颈琵琶

曲颈琵琶来自西亚，是"曲颈四弦琵琶"的简称。早在公元前 4000 年，美索不达米亚就已出现琵琶。公元前 8 世纪波斯开始使用琵琶，此种琵琶的共鸣体很大，呈梨形接近于圆状，其颈向后弯曲，类似半月牙形，故称"曲颈琵琶"。传入龟兹后的曲颈琵琶，经过龟兹人的改制，共鸣体没有波斯的曲颈琵琶那样圆大，而是向

克孜尔尕哈石窟第 30 窟后室券顶 弹曲颈琵琶的飞天

库木吐喇石窟窟群区第 46 窟主室正壁 曲颈琵琶

修长方向发展，呈长形半梨状。在克孜尔石窟第 193 等窟，库木吐喇石窟窟群区第 13、46 等窟均有出现。龟兹的曲颈琵琶为木制，曲颈四弦，四个弦轸分列于顶端左右两侧，共鸣箱呈长圆形半梨状且与琴杆浑然一体。其演奏姿态和技法与五弦相似，右手用木拨弹奏，左手按弦定音。

阮咸

阮咸在龟兹地区有所发展，是龟兹的产物。这种乐器是龟兹石窟中使用最多的乐器之一。据《通典》记载："阮咸亦秦琵琶也，而项长过今制，

此图为克孜尔石窟第 77 窟后室正壁 阮咸

列十有三柱。"这说明阮咸是由秦汉琵琶演变而来。《文献通考》中记载："秦汉琵琶，本出于胡人弦鼗之制，圆体修颈。"根据西域石窟中阮咸出现的频率如此之高，可以判定它是西域的乐器。在印度和伊朗的资料里都未曾发现过阮咸，有学者推测阮咸型琵琶是由龟兹流入中原的。

竖箜篌

该乐器源于西亚，后传入波斯、犍陀罗，而后传入西域，汉代传入中原，唐代又东渡传到日本。早在公元前 3000 年至公元前 2110 年的埃及古王国中就已出现了竖箜篌，从埃及古墓中出土过 1 米、2 米和近 3 米高的弓形箜篌，埃及人称其为"哈卜"。"哈卜"分别有十三根弦、十八根弦，甚至二十二根弦，演奏者需站立拨奏琴弦。公元前 2000 多年在亚述使用的是一种小型的抱在怀里弹奏的箜篌，这种箜篌被叫作"桑加"，有弓形和角形等不同形制。这种竖箜篌的琴轴在弓形上端，后来传到了波斯，西汉年间从波斯传入西域，因为是竖式演奏，所以叫竖箜篌，以区别于卧箜篌。竖箜篌有多种形制，有弓形琴杆、琴弦直挂（如库木吐喇石窟窟群区第 13 窟，克孜尔石窟第 69 窟），也有长形半梨状共鸣箱前斜挂琴弦，底端为不知质地的囊状共鸣箱，弓形琴杆插入其中，琴弦或直挂或斜挂琴杆上（如森木塞姆石窟第 48 窟）。龟兹壁画中，大多为十至十四根弦的小型竖箜篌，这种箜篌在演奏中需用左臂夹琴体，两手拨奏。

森木塞姆石窟第48窟主室正壁 竖箜篌

凤首箜篌

　　该乐器源于印度，随佛教传入龟兹，比竖箜篌较晚传入西域，是"天竺乐"的代表乐器。龟兹的音乐家把原有的十四根弦改为十根弦，演奏方法也从原来的单手拨奏改为双手拨奏，这不仅在龟兹壁画中有充分反映，同时在昭怙厘大寺遗址出土的舍利盒乐舞图中也有发现。凤首箜篌因其在琴首有凤啄图形而得名，又因它的特征是共鸣体在下部，呈竖式，再伸出弦杆，形似弓状，故又称弓形箜篌。它与竖箜篌有一个明显的区别，即凤首箜篌的弦轴在琴的竖端，竖箜篌则在琴的底端。凤首箜篌传自印度，原来是用拨子弹奏的，传入龟兹后，改成了两手拨弹，使得它的表现能力大大提高。

箏

箏是我国古代秦国的乐器，向以秦箏著称。《史记·李斯传》中有载："弹箏搏髀，而歌呼呜呜快耳（目）者，真秦之声也。"曹植的《箜篌引》中说："秦箏何慷慨，齐瑟且和柔。"这些皆可说明箏是汉族乐器。箏在"龟兹乐"中称为弹箏，用拨子弹奏。

库木吐喇石窟窟群区第68窟主室券顶 箏

库木吐喇石窟窟群区第 46 窟主室正壁 荜篥

荜篥

　　"荜篥"是古代龟兹语的译名，其还有"屠嚁""必栗""悲篥""觱篥"

等不同译法，这种乐器产生于龟兹，传入中原后，在隋唐燕乐中与琵琶同为主要旋律乐器。同时，由于筚篥的音调基本固定，所以筚篥就成为隋唐宫廷弦乐器定音的标准乐器。史籍中有充分的依据证明筚篥是龟兹乐中固有的吹奏乐器。《乐府杂录》中记载："觱篥者，本龟兹国乐也，亦曰悲篥。"唐代诗人李欣有"南山截竹为觱篥，此乐本自龟兹出"的描述。《文献通考》中有："陈氏《乐书》曰觱篥，一名悲篥，一名筋管。羌胡龟兹之乐也。"龟兹筚篥为气鸣乐器，传入中原后，由原先的七孔被改制为九孔。筚篥是用芦苇或竹制成的吹奏乐器，其顶端有一个倒梯形（上宽下窄）的哨片，由两个苇片相夹，用以固定，管身开音孔，一般为七个。演奏时双手竖执筚篥，口吹哨片发音，双手按音孔改变音高。

排箫

排箫为石窟群中第二种常见乐器，也是我国古老而知名的乐器。龟兹石窟中出现的为十管箫，在舍利盒上画的是十四管箫，都属于小型的"笈"类。排箫为竹制，由九至十四根竹管并排用绳系在一起。在龟兹石窟中，排箫有两种形制，一种为数管按由短到长并排而成，乐器呈梯形状，此为中原式排箫；另一种排箫的数管以相同长度排列，形制近似为方形，多在龟兹早期壁画中出现，系龟兹艺人依据龟兹音律进行的改变。排箫的音色悠扬青涩，婉转动听，管数越多，可吹奏的音域越宽。

笙

笙为簧管型吹奏乐器，是古老的汉族乐器。《礼记》中就有"女娲之笙簧"。殷代卜辞中有"和"，"和"即是笙，因此在《周礼·春官·大司乐》

克孜尔石窟第 135 窟主室穹窿顶　排箫

库木吐喇石窟出土壁画 笙

库木吐喇石窟窟群区第 68 窟主室券顶 笙

中就有笙师掌教吹竽笙了。笙自汉代起就在西域使用，由于西域与中原交往密切，龟兹王奉行汉乐制度，不少汉族音乐家来到西域，促使笙在西域流传。刘熙《释名》中说："笙……以匏为之，其中空，以受簧也。"笙有十七簧、十九簧、二十三簧等多种形制，一般将多簧的笙称为"竽"，又把大笙称为"巢"，小笙称为"和"。库木吐喇石窟窟群区第 13 窟内描绘的笙为匏体，圆形，系彩带。实际上，笙是汉族乐器，来自中原，但在汉晋、唐宋开凿的龟兹洞窟中出现，说明自古以来，笙就已经被龟兹人民普遍使用了。

横笛

横笛是古老的羌族乐器，早在秦汉之时，羌族人已定居西域昆仑山、喀喇昆仑山、帕米尔、罗布泊一带，同时也到了龟兹，因而羌笛也早已为

龟兹人使用，并且曾在托库孜萨来（今巴楚县境）古城出土了南北朝时期的三孔骨笛。但在龟兹石窟壁画中见到的却都是七孔笛，有非常大的可能是龟兹的音乐家们将羌人的三孔笛改造为了七孔笛，这大大拓宽了横笛的音域，对横笛这一乐器的发展作出了创造性的贡献。

克孜尔石窟第 38 窟主室右侧壁 横笛

贝

贝源于印度，佛教称"法螺"。鸠摩罗什的《妙法莲华经》中记载："若使人作乐，击鼓吹角贝。"

铜角

在日本大谷探险队挖走的龟兹舍利盒乐舞图上有铜角的形象。《旧唐书·音乐志》中记载："西戎有吹金者，铜角是也，长二尺，形如牛角。"

克孜尔石窟第 77 窟后室顶部 腰鼓

打击乐器

碰铃、手鼓、铁环和沙锣

龟兹乐中，打击乐器的种类是最多的，有腰鼓、毛员鼓、都昙鼓、羯鼓、答腊鼓、鸡娄鼓、齐鼓、大鼓、铜钹、拍板、

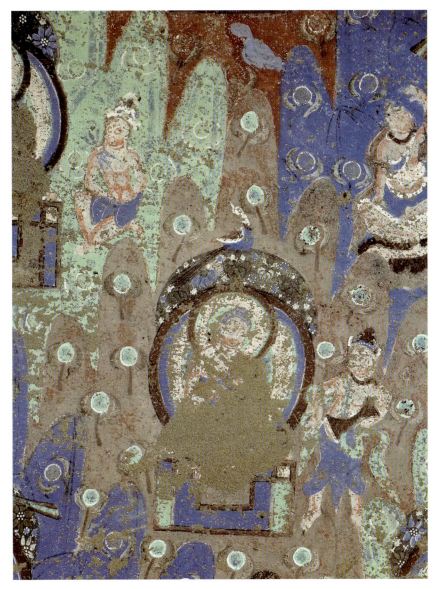

克孜尔石窟第 171 窟主室券顶 毛员鼓

腰鼓、毛员鼓、都昙鼓

腰鼓在龟兹石窟中多有绘制，说明它是龟兹乐中常用的乐器。腰鼓中间细，两头宽，鼓的两面蒙皮，用绳系在腰间用双手击打出声。毛员鼓和

193

都昙鼓的形状特点都是鼓腰内敛，呈蜂腰式。《通典》中记载："都昙鼓似腰鼓而小，以槌击之"，"毛员鼓似都昙鼓而稍大"，可见两者都属于腰鼓类，只是大小有差别。毛员鼓可见于克孜尔石窟第 171 窟。

羯鼓

羯鼓，出自羯人，羯人即是月氏人。秦汉年间，月氏人居住在敦煌、祁连山一带，于公元前 174 年前后西迁至伊犁河流域，曾经过罗布泊、焉耆、龟兹和阿克苏一带，因此龟兹又称月氏。羯鼓是月氏人的乐器，也就成了龟兹的乐器。它是龟兹乐中的代表乐器之一，在克孜尔石窟第 224 窟和库木吐喇石窟窟群区第 68 窟中都有较为清晰的描绘。文献中记载，羯鼓为桶状的直胴型，因两杖相击，故称两杖鼓。羯鼓被传入中原以后，在唐代是非常受欢迎的乐器，常用于独奏，两面蒙皮，鼓槌敲打，声音很高，有极丰富的表现力："其声焦杀鸣烈，尤宜促曲急破，作战杖连碎之声，又宜高楼晚景，明月清风破空透远。"

答腊鼓

答腊鼓是龟兹固有的乐器之一。有人说，"答腊"译自梵语，在梵语中是指铜钹，并且"天竺乐"中不用答腊鼓，因此说，答腊鼓不是源自印度。"答腊"是龟兹语的转译，在隋唐时期用于龟兹、疏勒、高昌等乐部之中，经中亚传入中国中原地区，后又传入日本。在克孜尔石窟第 17、38、77、135 窟，库木吐喇石窟窟群区第 68 窟中也有描绘。据《文献通考》记载："答腊鼓，龟兹、疏勒之器也。其制如羯鼓，抑又广而短，

克孜尔石窟第 135 窟主室穹窿顶 答腊鼓

以指揩之，其声甚震，亦谓之揩鼓也，后世教坊奏龟兹曲用焉。"由此可知，答腊鼓是从羯鼓演变而来，但演奏方法不尽相同，答腊鼓是以指揩奏，就是用手指摩擦鼓面，而不用木槌。这种鼓，多用于戏剧音乐，如舞蹈、游艺、乞食，还有要猴，等等。

鸡娄鼓

鸡娄鼓见于克孜尔石窟第 8、186 窟，是近于球形的框，两头张着面积狭窄的革面。《通典》中记载："鸡娄鼓，正圆，而首尾可击之处，平可数寸。"

鼗鼓

鼗鼓实际上就是拨浪鼓，是中原十分古老的乐器，可能在汉代就已经传入龟兹，并且成为西域行巫作法的乐器。在中原的龟兹乐队中，鼗鼓与鸡娄鼓并合为一人兼奏，是中原受到西域演奏方式的影响。克孜尔石窟第 8、184 和186 窟所绘的因缘故事中均出现了这一乐器。《周礼·春官·宗伯》"掌教鼗鼓"郑玄注："如鼓而小，持其柄摇之，旁耳还自击。"

大鼓

在克孜尔石窟第 76 窟降伏魔众的壁画上有大鼓的描绘，演奏者为西域的少数民族。大鼓实际上是从羯鼓演变而来的，鼓面朝上，用两杖相击演奏。《新唐书》中记载："革有杖鼓、第二鼓、第三鼓、腰鼓、大鼓。"

铜钹

铜钹源于亚述，公元前 800 年，亚述人已开始使用这个乐器了，后来铜钹又从希腊一直向东，随着亚历山大东征传到了北印度，之后传入西域，还到了中原。《通典》中记载："铜钹，亦谓之铜盘，出西戎及南蛮，其圆数寸，隐起如浮沤，贯之以韦，相击以和乐也。"《妙法莲华经》中也说："箫笛琴箜篌，琵琶铙铜钹。"鸠摩罗什在公元 385 年随吕光到中原，因此可知中原在东晋时已开始使用铜钹了，那么可以推测，铜钹应是在两汉时期传入西域的。《旧唐书·音乐志》中记载："铜钹，亦谓之铜盘……其圆数寸，隐起若浮沤，贯之以韦皮，相击以和乐也。"一副两枚，直径不大，由一根绳子维系。铜钹为佛教

克孜尔石窟第 38 窟主室右侧壁 铜钹

僧人法会时所用。

拍板

拍板为汉族乐器，来自中原。在西域由汉人开凿的石窟中，多有描绘，这说明来自中原的汉族乐器在天山南麓各地非常受欢迎。龟兹石窟中的拍板一般由六块板组成，将这些木片或者铁片排在一起，用绳穿连起来，两手以板相击拍打。《文献通考》中记载："拍板长阔如手，重大者九板，

克孜尔石窟第 38 窟主室左侧壁 手鼓

小者六板，以韦编之。胡部以为乐节盖所以代抃也。"记载内容与画面相符。

手鼓

即"达卜"，亦译"达甫"，源自希伯来语，为龟兹人常用的乐器，古代的亚述人和埃及人都使用这个乐器。很显然，手鼓是随着丝绸之路传入龟兹，并被龟兹人所喜爱，直到今天。克孜尔石窟第 38 窟主室左侧壁绘有手鼓。据考证，该石窟为公元 5 世纪初开凿，由此可知手鼓至少于公元 5 世纪已流行于龟兹。

克孜尔石窟第 76 窟主室侧壁上部 天宫伎乐

"龟兹乐"的乐队编制以吹乐、弹乐和鼓乐并用为特色，其中吹奏乐器为主奏旋律及和声，拨弦乐器奏旋律，兼奏节奏型，打击乐器则击打节奏。

龟兹乐队具有丰富的音色和生动的表现力。婉转流畅的横笛，悠扬飘洒的排箫、典雅柔和的笙，温雅清亮的筚篥，尖利洪亮的贝，粗犷嘹亮的铜角，构成色彩斑斓的吹乐图，拨弦乐器的晶莹通透，再加上有革制、铜制、木制、铁制等丰富材质的打击乐器，更为乐队增添色彩。

乐队的音域多达两到三个八度，可分高音、中音、低音三个声部，如吹奏乐器组，横笛、排箫为高音乐器，筚篥、洞箫、笙为中音乐器，贝和铜角为低音乐器。

打击乐在"龟兹乐"中占有绝对优势，龟兹乐的二十余种乐器中打击乐器就有十四种，说明鼓乐在龟兹乐中的重要地位，这和龟兹乐中舞曲众多也有关系。在打击乐中，又以羯鼓最为重要，它担纲指挥和领奏。

龟兹乐队的阵容齐全，规模较大，无论是乐器的种类，还是乐工人数，皆列中原宫廷音乐和域外乐部之首。据史料记载，龟兹乐队一般由二十人组成，乐器组合方式多样，演奏方式既有全奏、合奏，也有领奏或独奏。

在克孜尔石窟第 38、100 窟的"天宫伎乐"图中，龟兹乐的表演形式多为双人歌舞，即一人奏乐，一人舞蹈，或者边奏边舞。这种组合形式，在龟兹石窟以外的石窟壁画中尚属少见，这很可能与龟兹民间流行的双人歌舞有关。龟兹使用的乐器皆为小型、非卧弹的乐器，便于拿在手上，边歌边舞，边奏边舞，显示出龟兹音乐轻快、热烈和奔放的特点。

从龟兹石窟壁画中还可以看到，这种两人一组的乐舞形式多为男女组

合。男伎乐多担纲弹拨与打击乐器，女伎乐担纲吹奏乐器。这也表明男伎乐在演奏中占有主要地位，主奏乐器及控制乐舞的节拍和节奏。

从乐器的组合来看，通常是一个主奏乐器与一个节奏乐器形成组合。比如，一位男伎乐在吹奏排箫，旁边的女伎乐则敲打铜钹以示节拍。吹奏乐器为主奏声部时，弹拨乐器则担任控制细小节拍的节奏声部。如此看来，每两人就能组织成一支小乐队，若是整个"天宫伎乐队"同时演奏，则是莺歌燕舞，鼓乐齐鸣，声势浩大，不同凡响。

克孜尔石窟第 38 窟主室右侧壁 "天宫伎乐"

龟兹舞蹈

龟兹壁画中也有大量的舞蹈场面，根据研究，出现舞蹈的种类有：持具舞、健舞、软舞、双人歌舞等。

表演时多用道具，或持乐器，或持巾带，或挥花舞碗等，特别是女子舞蹈，多以披帛彩带、璎珞花绳为道具，飘逸洒脱，姿态万千。使用各种道具作为舞蹈的表现手段，是龟兹舞蹈表现形式的一个突出特点。

克孜尔石窟第 8 窟主室券顶 舞女形象　　　　　克孜尔石窟第 77 窟左甬道券顶 舞帛人

飘带舞

克孜尔石窟第 135 窟有两幅舞飘带的伎乐图，两舞者一个站姿，一个跃姿，飘带在手中飞扬，姿态栩栩如生。在克孜尔石窟第 8 窟绘有一全裸的舞伎，伎人身披一帛带，左臂上扬，右臂下垂，帛带呈弓形，右脚后吸，从舞姿上看，好像在做跳跃的动作。飘带舞又称绸舞，飘带舞是汉民族古老的传统舞蹈，远在西汉时已相当流行，在汉画像砖已有描绘，在龟兹石窟壁画中多次出现飘带舞，说明飘带舞曾在古代龟兹地区广为流传。这充分体现了中原与西域的文化交流。

鼓舞

在龟兹舞蹈中，鼓舞的种类很多。对于龟兹舞蹈来说，"心应弦、手应鼓"

的艺术特点，是龟兹舞蹈也是西域舞蹈的独具一格的表演特点。反映在壁画中的鼓舞种类有：腰鼓舞、鸡娄鼓舞等。不同类型的鼓舞，舞蹈风格也不同。在克孜尔石窟第 224 窟有一幅双手击腰鼓的图，画面上的舞者胸前挂有一鼓身较长的圆形鼓，舞者头向左偏，上身左拧，重心稍向前倾，双手作击鼓状。舞者姿态柔美娴缓。克孜尔石窟第 8 窟画有一幅拍鸡娄鼓的伎乐图，画面上的舞者正在做着右手拍鼓、左腿支撑地面的动作，从舞者的姿态可以看出这是一个欢快活泼的舞蹈。在克孜尔石窟第 101、135 等窟中均有鼓舞的壁画，这表明了各种类型的鼓舞在龟兹舞乐中占有极为重要的位置。

碗舞、盘舞

托碗、托盘的舞蹈伎乐图也是克孜尔石窟壁画中比较多见的一种。如第 135 窟就绘有一幅碗舞图，画面上的舞者右手胸前托碗，左臂屈肘位于胸前，是一个似准备转碗的姿态。在第 38 窟天宫伎乐图中，有很多托盘的舞蹈姿态，从画面上舞者手中倾斜的盘，可以想象出盘舞的技巧难度。

克孜尔石窟第 224 窟主室券顶 腰鼓

克孜尔石窟第 8 窟主室券顶 击打鸡娄鼓的童子

克孜尔石窟第135窟主室穹窿顶 舞者

　　"胡旋舞"发源于康国、史国、米国（均在今中亚乌兹别克斯坦境内）一带。隋唐《九部乐》《十部乐》及《康国乐》中"急转如风，俗谓之胡旋"的记载，均可见这种舞蹈的动作特点是以急速连续旋转为主，节奏鲜明，轻快敏捷。"胡旋舞"表演者多为女子，也有男子参加。其表演形式可以是独舞，亦有双人或三四人群舞。龟兹石窟壁画中也保存了一些发带飞扬、衣裙飘起、正在旋转起舞的人物形象，可被视作"胡旋舞"在佛教壁画中的反映。

"胡腾舞"源于西域石国（唐属安西都护府管辖，故址在今中亚乌兹别克斯坦塔什干一带）。"胡腾舞"的节奏较快，伴奏的音乐自始至终都以欢快跳跃的旋律作为基调。舞者以急促多变、纷繁复杂的舞步及高难度的腾跃、空转、大幅度的弯腰等技巧动作为其特征，舞姿矫捷豪放、刚中有柔、刚柔相济。在克孜尔石窟第77窟壁画中，就有一幅女子做"撼头"动作的图。克孜尔石窟第38、100窟有拍手舞图，第175窟中也有拍手舞画面，这些展现的都是"抃"的动作。此外，在克孜尔石窟第38、189、178窟中均可见到"弹指"姿态的画面。

克孜尔石窟第77窟 做"撼头"动作的天人

克孜尔石窟第100窟 拍手舞者

克孜尔石窟第38窟 "弹指"姿态的舞者

从隋唐时期关于龟兹乐舞的记载来看，龟兹舞蹈主要有以下几个特点：

一是种类繁多。从内容上划分，有自娱性舞蹈、表演性舞蹈、生活习俗舞蹈等；从表演形式上划分，有单人舞、双人歌舞、四人舞、多人舞等。

二是富于变化。舞者在表演龟兹舞蹈时，表情非常丰富，舞曲节奏时急时缓，具有强烈的对比性。舞蹈动作有刚有柔，起伏鲜明，韵味无穷，具有强烈的艺术魅力。对此，龟兹舞蹈腾踏跳跃，忽而蹁跹、忽而奔放。飞速旋转和带有杂技性的目眩神迷的舞蹈技巧，跷脚弹指，撼头弄目，情动于中不能自已，此种艺术风格和技巧至今仍遗存于中国新疆及中亚地区各民族的舞蹈之中。

三是舞姿造型独特。依据史料和壁画形象，我们可将龟兹舞蹈的舞姿造型归纳为以下几种：手臂的姿态多见左臂高举，左手翻腕托掌，右臂平举屈肘，掌心向外，拇指、食指相捏；脚的站姿多见双脚交叉（女），或站"右踏步"；基本造型是以头、腰、腿成"S"形曲线，含胸出胯，总体姿态优美典雅。从现存壁画的乐舞姿态中，特别是从舞者面部丰富的表情、手型的变化和胯的耸出，可看到印度舞蹈对其的影响。

四是所持道具多样。在龟兹壁画中的舞蹈形象里，舞者对彩带和披纱的运用很普遍，持巾舞蹈的、持彩带舞蹈的伎乐图有很多，从中反映出中原善舞绸帛对龟兹的影响。鼓舞的伎乐图也不少，舞蹈与乐器结合，边演奏边舞蹈的也比较多见，如吹筚篥的、吹横笛的、吹箫的。乐器既用于演奏，又用来作为舞蹈道具，这是龟兹舞蹈的突出特点。这种形式既可以借助乐器的音响、旋律、节奏传递舞蹈的内在情感，又能借助道具变化出万千姿态，来延伸舞蹈，增加舞蹈的感染力。

　　佛教作为一种宗教，其宗教仪规往往与一定的艺术形式相结合。音乐是艺术形式中最活跃、最显现的因素之一。音乐能够激发信众对佛教的宗教情感，有助于他们对佛教的理解，促进僧侣的佛教修行。因此，音乐也就成了体现佛教信仰和宣传佛教教理、教义乃至帮助僧侣修行的重要手段。音乐是佛教思想家、教育家非常重视的一种方便法门，是佛教文化的一个固有内容。龟兹壁画中出现乐舞场面是佛教文化自身内涵的一个反映。但是，龟兹壁画中的乐舞场面出现之多，规模之大，内容之丰富，乐舞的本土化和世俗化色彩之强烈却是其他地区所罕见。这与古代龟兹地区乐舞艺术发达有着密切关系。除了玄奘对龟兹乐舞给予高度评价，在许多历史文献、古代传记、小说、诗词、笔记和传说中也都有龟兹盛行音乐舞蹈的记述。龟兹乐舞自汉时即入乐府，以其绚丽多姿的舞蹈、声势浩大的吹奏场面影响着中原及其周边少数民族的音乐文化。隋唐时期，龟兹乐是中央王朝厘定的宫廷音乐的主要部分，对我国优秀传统音乐文化的形成发挥了重要作用。

千姿百态的尊像图

　　尊像，是指佛、菩萨、明王、诸天和护法神等单身像。尊像图则是绘制尊像的壁画。

　　龟兹石窟中目前出现较多的尊像图有释迦牟尼、阿弥陀佛、药师佛、卢舍那佛、弥勒菩萨、观音菩萨、文殊菩萨、地藏菩萨、金刚等。

佛像

龟兹石窟中的佛像风格主要有三类：龟兹风、汉风和回鹘风。

龟兹风佛像是指在龟兹本地传统文化基础上吸收印度、波斯和中原艺术，尤其是印度秣菟罗艺术，逐渐产生和发展起来的佛教艺术风格是经过长期发展而形成的相对稳定的具有鲜明民族和地域特色的一种艺术模式。其年代为公元4—9世纪。其主要特点如下。

佛像多为蓝色磨光发髻、肉髻扁平，少量为蓝色螺髻

额头宽、距发髻距离长、五官集中

圆圈形白毫

脸型椭圆

库木吐喇石窟窟群区第63窟主室券顶佛像面部

头光为圆轮形

背光为圆轮形

手指修长、指节由粗逐渐变细，指尖上翘

库木吐喇石窟窟群区第63窟主室券顶佛像局部图

库木吐喇石窟窟群区第 63 窟主室券顶 因缘故事

库木吐喇石窟窟群区第 34 窟主室左侧壁（局部线描图）

通肩式袈裟

禅定印

结跏趺坐

莲花座

袒右式袈裟

交脚坐

金刚座

库木吐喇石窟窟群区第 43 窟主室券顶（局部线描图）

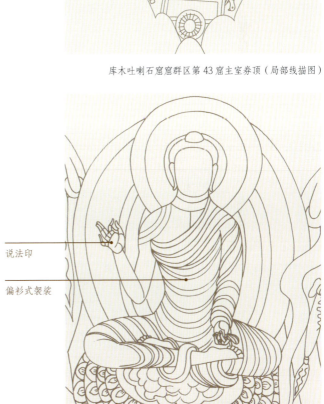

说法印

偏衫式袈裟

库木吐喇石窟窟群区第 58 窟主室前壁（局部线描图）

袒右式袈裟

与愿印

结跏趺坐

库木吐喇石窟窟群区第 23 窟主室右侧壁（局部线描图）

卧姿

克孜尔石窟第 17 窟后甬道正壁（局部线描图）

立姿

倚坐姿

克孜尔石窟第163窟右甬道外侧壁（局部线描图）

克孜尔石窟第224窟主室券顶（局部线描图）

龟兹风佛像艺术最重要的特点就是佛像的面貌、神态、服饰等都被打上了龟兹地域的烙印。

　　首先，佛像造型开始平面化，具有明显的龟兹地区本地民族特点。其特征主要是：头形椭圆，额际扁平而宽阔，发际到眉间的距离较长，两颐圆润，下颌短而深陷两颐中，形成所谓的双下巴。圆浑的脸上，安排着小而集中的五官，形成长眉、大眼、高鼻、纤口的特点，这些特点均与犍陀罗风格的佛像有着明显的区别。手的造型上二者区别也很大，犍陀罗风格佛像的手部较写实、手指粗短、指尖上翘、指肚圆润；龟兹风佛像的手指修长、指节由粗变细，指肚均匀，指尖上翘。

　　其次，龟兹风佛像在色彩使用上，佛像的袈裟颜色除赤色外，还出现了贴金、青灰色和黑色；佛像的发髻部位用蓝色绘出。

　　龟兹石窟中除阿艾石窟以外，其余八处石窟（克孜尔石窟、库木吐喇石窟、森木塞姆石窟、克孜尔尕哈石窟、玛扎伯哈石窟、托乎拉克艾肯石窟、台台尔石窟、温巴什石窟）中都保存有大量龟兹风格的佛像。

　　龟兹地区汉风佛像形成于唐代安西大都护时期，是汉传佛教在龟兹地区传播的见证。主要保存在库木吐喇石窟和阿艾石窟中，其代表为库木吐喇石窟窟群区的第11、14、15、16、17窟以及阿艾石窟中的佛像，明显具有同时期中原佛教艺术的特点，其年代为公元8—9世纪。

　　汉风佛像造型为中原人的特征，眼睛细长、眼角上扬、嘴唇丰盈、下巴丰韵。手部写实、手掌宽大、手指丰满、肉感十足。佛衣衣着样式上除

库木吐喇石窟窟群区第12窟后甬道正壁 汉风佛像

了犍陀罗风格和龟兹风格流行的通肩、袒右、偏衫袈裟，还出现了中原地区流行的典型袈裟样式：敷搭双肩下垂式袈裟、钩纽式袈裟和"半披式"融入"敷搭双肩下垂式"的袈裟。

库木吐喇石窟窟群区第12窟后甬道正壁第四身佛像，上身内着僧祇支，外披两层袈裟，内层袈裟左领襟自然下垂，右领襟下垂至腹部复向上敷搭至右前臂，外层袈裟右袒披着后，末端并未敷搭至左前臂，而是将左臂、左肩一并敷盖。这种披"敷搭双肩下垂式"佛衣的佛像最早见于龙门石窟普泰洞北壁大龛内坐佛，在东魏、北齐境内的佛像中也较为常见，除安阳大留圣窟东魏三佛外，安阳小南海、南响堂山及曲阳修德寺的北齐佛像衣着多为此式。

而"钩纽式"佛衣则出现于北朝晚期的山东青州地区，分别以右袒和通肩的方式呈现，这两种袈裟样式为此地创制。此种佛衣样式见库木吐喇石窟窟群区第12窟后甬道正壁第二身佛像。

"半披式"融入"敷搭双肩下垂式"并不是以叠加方式，而是将"敷搭双肩下垂式"中外层袈裟的"右袒式"改作"半披式"。从现有实物资料看，"半披式"融入"敷搭双肩下垂式"始见于北朝晚期石窟造像，发生时间要晚于"敷搭双肩下垂式"。这种新式披法在北朝造像中为数不多，地域分布却较广，北周以后趋于流行并成为隋唐佛衣的常见样式，多见于天龙山、莫高窟及四川同期石窟造像中。这种样式见于库木吐喇石窟窟群区第14窟正壁经变图中的佛像。

回鹘风佛像是公元9世纪西迁龟兹的西域回鹘人按照其审美习惯，吸收中原及西域艺术形式所创造的佛像艺术风格，其年代为公元9世纪及以后。

回鹘风佛像的主要特点包括：发髻中分，肉髻高耸、呈灰色。脸型方圆，额头偏窄，下颌宽大，颧骨突出。五官较集中，鼻梁挺直，樱桃小口，眉毛呈柳叶形，眼睛细长，眼皮两至三层。手掌宽大，手指细长，指肚均匀向指尖逐渐变细。大多佛像身穿土红色通肩袈裟，也有穿着袒右、偏衫式袈裟的，坐莲花座乘着流云说法，身旁有供养人或比丘。

回鹘风佛像在龟兹地区分布比较广泛，库木吐喇石窟、森木塞姆石窟、克孜尔尕哈石窟、托乎拉克艾肯石窟和温巴什石窟都有发现。

其中库木吐喇石窟保存回鹘风佛像洞窟的数量最多，有十余个。以窟群区第10、12、42和45窟最为典型。如第45窟两甬道各壁和后甬道后壁，现存的画面均交替绘佛和菩萨立像（第10、12窟两甬道内侧壁画面被切割），这些回鹘风佛像的人物造型、装饰效果以及绘画技艺等方面具有明显的回鹘艺术特点，应当是吐鲁番回鹘人佛教艺术西渐的结果。

回鹘风佛像特点在柏孜克里克石窟第20窟的佛本行经变图（流失国外）中得到充分的反映。该图正中绘着立佛，高大、慈祥。佛陀右手上举，双脚踏在莲花宝筏上，施无畏印向大众说法。佛像五官及肢体造型均与上述龟兹地区回鹘风佛像相似。有趣的是，这尊立佛长有胡须，佛身略呈"S"形，衣纹用铁丝盘曲画法，紧贴身体。

库木吐喇石窟窟群区第 45 窟右甬道外侧壁 阿弥陀佛

柏孜克里克石窟第N○窟
佛本行經変

这种长有胡须的佛像在柏孜克里克石窟第 15、31、33 窟佛本行经变图中都有出现，我们在库木吐喇石窟窟群区第 42 窟中的佛像上也可以看到，其中有几身佛像还披着钩纽式田相袈裟，与柏孜克里克石窟第 20 窟智通、进惠、法惠三都统供养像中的人物着装一致。但这几身佛像与柏孜克里克石窟第 20 窟中佛像的磨光发髻不同，为螺发式的高肉髻。不过库木吐喇石窟窟群区第 42、45 窟中的部分佛像佩戴耳环，这种情况在吐鲁番高昌回鹘时期的所有洞窟中未曾见过，这可能是回鹘风格从吐鲁番地区西渐龟兹，当地回鹘人在原有风格的基础上又有所创新和发展的结果。

龟兹石窟中目前出现较多的佛像有释迦牟尼、阿弥陀佛、药师佛、卢舍那佛。

释迦牟尼

佛教创始人。本名悉达多，意为"义成就者"（旧译"义成"），姓乔答摩（瞿昙）。因父为释迦族，成道后被尊称为释迦牟尼，意为"释迦族的圣人"。

释尊自幼深切地体会到生老病死的痛苦，感受到人生的无常，于是发心寻求解脱之道。他曾在尼连禅河附近苦修六年。大约在三十五岁时，他在佛陀伽耶的菩提树下得到完全觉悟。为了使他的思想学说被他人所理解和接受，他开始了长达四十五年的传教活动。释迦牟尼传教的区域，主要是恒河流域的中印度。八十岁时，他在南末罗国波伐城的娑罗树下涅槃。

后来，随着佛教向印度次大陆发展，在部派佛教中出现了对教祖的崇

克孜尔石窟第 17 窟左甬道外侧壁外端 立佛

拜，把佛陀描写为神通广大、威力无穷、大智大慧，具有"三十二相""八十种好"等，可度化六道众生。克孜尔石窟第 17 窟左、右甬道外侧壁外端均有身绘三道横纹的佛陀形象，就是这种理念的反映。

佛教发展到大乘阶段后，对释迦牟尼的神化更是达到了一个新的高度。释迦牟尼的寿量是无限的；佛身是常住的；佛陀的智慧光芒，是永恒地照耀众生的。库木吐喇石窟窟群区第 16 窟的主尊当即是永恒存在的释迦佛。龟兹石窟中既绘有传道说法的释迦牟尼佛，也绘有永远的释迦佛。

阿弥陀佛

阿弥陀佛又名无量光、无量寿，意为光明和寿命无限。

大乘佛教认为，他是西方极乐净土的教主。观音菩萨和大势至菩萨为其胁侍菩萨。

阿弥陀佛信仰特别强调阿弥陀佛的加持的无上效力，加上修行方式简单，对于渴望摆脱世间诸苦和解脱成佛的众生来说，无疑具有极大的吸引力。故而，从唐代开始，阿弥陀佛信仰成为中国佛教信仰的一个主流。阿弥陀佛信仰的经典主要有《无量寿经》《阿弥陀经》和《观无量寿经》，依据这些经典产生了许多与阿弥陀佛有关的经变故事画。

单尊阿弥陀佛的造像特征，基本上与释迦牟尼佛像没有什么大的区别。只是根据有关阿弥陀佛的经典，往生于阿弥陀佛西方净土的众生都是从莲花化生，因此在有些造像中，阿弥陀佛手持一个小小的莲台，也有些立像是阿弥陀佛手作接引状，以示阿弥陀佛接引众生之意。

龟兹石窟中所绘的阿弥陀佛多出现在观无量寿经变或阿弥陀经变中，如库木吐喇石窟窟群区第 14 窟，也有绘单尊的，但保存状况不佳。

药师佛

药师佛信仰是在南朝刘宋时传入我国内地的，据经书记载，药师佛能医治百病，解除各种顽疾苦痛，消灾延寿，故在我国影响极大，造像亦很多。许多寺院都将其与释迦一起供奉，有些寺院还设有专门供奉他的药师佛堂。手持药钵是药师佛的造像中最显著的特征。药师如来的胁侍菩萨，一般是日光菩萨和月光菩萨。阿艾石窟中保存有两身药师佛像，其形象均为左手托药钵，右手持锡杖。

阿艾石窟主室右侧壁 药师佛

227

阿艾石窟主室右侧壁 卢舍那佛

卢舍那佛

卢舍那佛，即报身佛，是表示证得了绝对真理，获得佛果而显示佛智的佛身。卢舍那这个名字其实就是法身"毗卢遮那"的简称，意思就是智慧广大，光明普照。阿艾石窟主室右侧壁绘有一幅卢舍那佛像。

菩萨像

观音菩萨

观音又名观世音、观自在。观音菩萨具有平等无私的广大悲愿，当众生遇到任何困难和苦痛，如能至诚称念观世音菩萨，就会得到菩萨的救护。而且，观世音菩萨最能适应众生的要求，对不同的众生，便现化不同的身相，说不同的法门。

魏晋时期，观音信仰传入中国，其传播包括经典和图像两个内容。这时期，观音形象为男像，一般作为阿弥陀佛的胁侍。唐代，观音信仰进入一个高潮时期，观音的功能和类型也日益多样，但无论如何变化，观音救赎现世的特点始终没有变。

龟兹石窟中现存有表现观音信仰的壁画保存在阿艾石窟的正壁、左侧壁以及库木吐喇石窟窟群区第14、16窟。其图像样式主要有两种：西方净土变中的观世音菩萨和单尊的观世音菩萨。它们各自的功能也不同。阿艾石窟的正壁以及库木吐喇石窟窟群区第14、16窟都绘有此种观音。

另一种单尊的观音出现于阿艾石窟的左侧壁。头戴化佛冠，上身内着僧祇支，披璎珞，外披双领下垂式袈裟，下着裙裤，挂流苏环佩两手执物

库木吐喇石窟窟群区第 14 窟主室正壁 观音

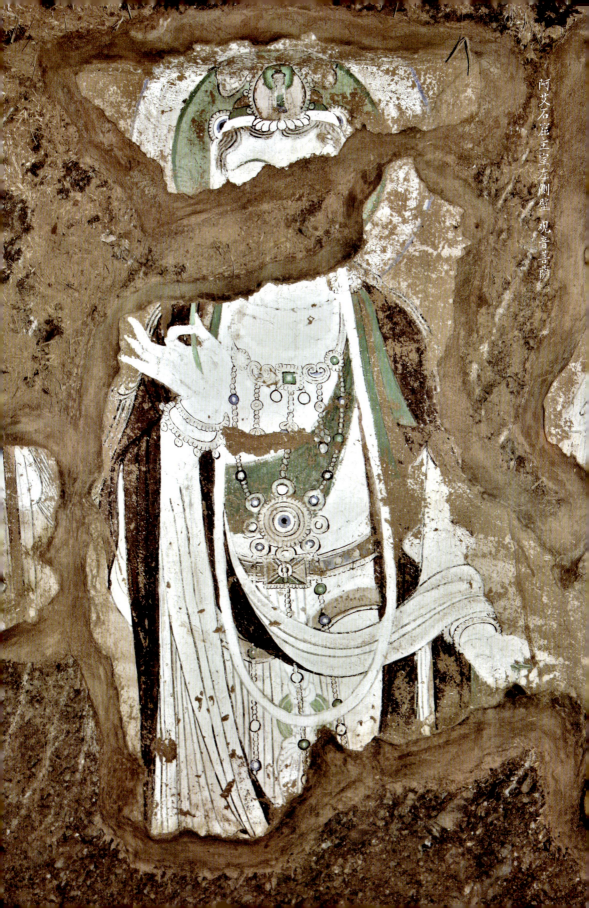

阿艾石窟主室左侧壁 观音菩萨

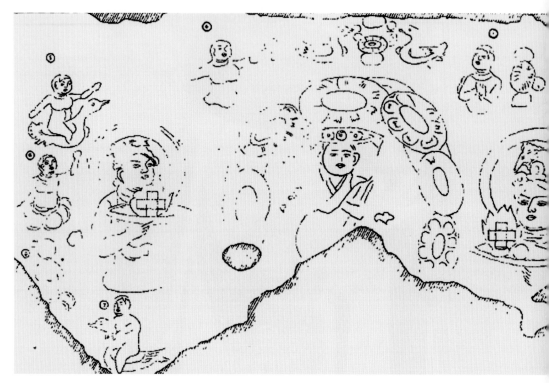

库木吐喇石窟窟群区第 38 窟主室 地坪画

脱落，但从残存部分看，应为莲花或杨柳枝。根据有关学者的研究，该窟是中下层民众以社邑方式兴建的洞窟。因而，此身观音的性质当是救赎现世的观音。

宋元以后，观音信仰日益世俗化和中国化，一个表现就是女像观音的流行，以及更多观音造型的出现，如出现了三十三观音等。这种变化，我们在龟兹地区的石窟壁画中也可以看到。库木吐喇石窟窟群区第 42、45 窟右甬道外侧壁均发现与西方净土信仰相关的圣观音造像及汉文题记。

库木吐喇石窟窟群区第 38 窟主室地坪发现有马头观音的画像。该菩萨像，有头光，裸上身，双手托盘，盘内放一摩尼宝珠和两个绿色珠环，头冠中绘一马头。据佛典记载，马头观音是六观音之一，是六道中畜牲道的护法明王。因其"以马置于头"，故称马头观音，也称马头大士、马头明王。

库木吐喇石窟窟群区第 12 窟后甬道正壁绘有三头八臂的不空罥索观音画像。不空罥索观音是密宗六观音之一，据载这位观音在生死苦海中，以妙法莲花为诱饵，有如以网捞鱼，能将一切众生全部救济到菩提彼岸，因而得名。对于不空罥索观音的信仰，唐代以后逐渐流行。不空罥索菩萨的造像，一般为三面四臂，正中大面显慈悲熙怡，头戴天冠。其他两面则是愤怒的状态。四臂分别手持索、莲花、三叉戟、钺斧、如意宝杖和作施无畏印等。此外，不空罥索菩萨的造像也有一面、十一面、六臂、八臂、十八臂、三十二臂等形态。

从经轨的卷数、造像的流行程度上看，千手千眼观音是诸观音中最主要的一种。其形象，在两眼两臂之外，左右各有二十手，表示如来、金刚、摩尼、莲华、羯磨五部各八手，成为四十手。四十手中现菩萨像，每手含二十五有界，故成一千。"千"，表无量、圆满之义。即"千手"象征此观音度化众生手段多样，"千眼"象征他能顺应众生特性分别对待。"千手千眼观音"塑像盛行于宋代，龟兹地区也在同时期流行。

库木吐喇石窟窟群区第 9 窟和第 41 窟均发现有千手千眼观音的塑像残件，多个手掌中可见眼睛。

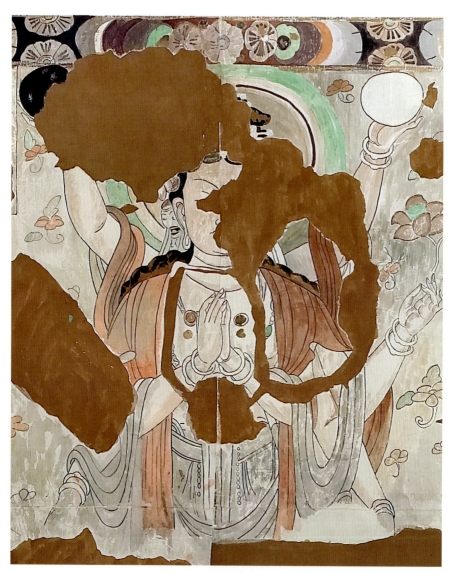

库木吐喇石窟窟群区第 12 窟后甬道正壁 不空胃索观音

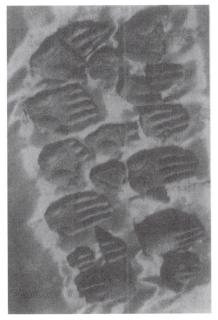

库木吐喇石窟窟群区第9窟 千手千眼观音

文殊菩萨

　　文殊菩萨原为舍卫国多罗聚落王子，后至释迦牟尼佛处学道，遂成为释迦胁侍菩萨，在释迦诸弟子中，地位最尊。又据《文殊师利法宝陀罗尼记》载，释迦牟尼入灭后，文殊菩萨在"大振那"五顶山为众生说法，以待弥勒下生，将法脉传承给他。

　　文殊菩萨传入我国在东晋后期，崇信之风渐盛，造像之风亦兴起。其造像题材，形式多样。或作草衣文殊，或作僧形文殊，或作童子形，或作渡海之相，而以右手持智剑，左手执青莲花，以狮子为坐骑的文殊像，最为常见。

235

阿艾石窟主室右侧壁 文殊菩萨

唐开元年间，系统的密教经典开始传入内地，密宗系统之文殊造像亦开始出现。其形式除阿艾石窟此种形制外，还有一种金刚界之文殊菩萨形象，即文殊一手执剑，一手执经夹坐于狮子上，有狮奴（或于阗国王）为其牵狮。

文殊像既绘于经变画中，如《法华经变》《维摩诘经变》和《华严经变》，也有单尊像。

龟兹石窟中，库木吐喇石窟窟群区第16窟的主室正壁绘有《法华经变》，其中主室正壁上方佛龛左侧绘骑狮文殊菩萨，其项饰璎珞，臂腕配钏，左足踏莲花，半结跏趺坐于狮子上。周围绘制三身胁侍菩萨。文殊菩萨及周围胁侍菩萨丰腴华美。文殊菩萨左下方绘制一身牵狮昆仑奴，昆仑奴及狮子均踏莲花。文殊周围云气环绕，飞天供养。整幅法华经变的布局与文殊的造型与同时期敦煌的法华经变极为相似。

单尊像的文殊菩萨则见于阿艾石窟主室右侧壁和库木吐喇石窟窟群区第42窟后甬道正壁上，旁边并有汉文题记。

地藏菩萨

依据佛经记载，地藏菩萨是释迦牟尼涅槃至弥勒出现之间，愿意现身六道，普救众生的菩萨。因他像大地一样，安忍不动，静之虑深密，故名地藏。

至迟在公元6世纪，地藏信仰已经传入中原。唐代是地藏信仰的一个繁盛时期。这一时期，一方面由于唐代政治经济的繁荣，为大量佛教造像

库木吐喇石窟窟群区第 75 窟主室正壁 地藏菩萨

的出现提供了物质基础。另一方面，则是佛教在社会生活中的地位有了很大的提高，灵验记的流行推动了大众对佛教的信仰更加普及和虔诚。此外，玄奘对《十轮经》的重译，也使得人们对地藏的信仰达到新高度。这一时期，地藏信仰的主要内容是普济六道众生。地藏菩萨的图像既有菩萨装的，也有佛装以及沙门装的，其中沙门装的常常与六趣图像结合。

阿艾石窟的右侧壁绘有地藏菩萨的图像，不过非常残破，仅可看出一个在熊熊烈火中燃烧的鼎，可能是地狱的局部。

宋元以后，地藏的济世功能减弱，其主要职能变为幽冥世界的救济者。这种转变的原因，一是后传入地藏类经典，描述了地藏菩萨的大愿为："众生度尽，方证菩提；地狱未空，誓不成佛。"那些恶贯满盈的众生，只要改恶从善，至心诵念地藏菩萨圣号，可以解除一切苦厄，体现出他对救度地狱众生的独特关怀。另一方面则是与中国民众固有的重视死后世界的背景有关。此外，也与中国早期幽冥世界救济者多为僧侣有关。而华严宗人则是推动地藏信仰变化的佛教界力量。这一时期，地藏造像既有菩萨装，也有沙门装和佛装，与《大乘大集地藏十轮经》所载一致。这种造型的地藏像早在公元 7 世纪就已出现，但在这个时期才得以流行。

这种信仰及造像的变化在龟兹地区也有反映。如库木吐喇石窟窟群区第 75 窟就绘有结跏趺坐的地藏菩萨的画像，其双手捧摩尼珠，从中放出六道光芒，上绘六道众生。此外，库木吐喇石窟窟群区第 79 窟主室右侧壁绘制的地狱变图也属于地藏信仰的部分。

壁画中的人体形象

　　克孜尔石窟壁画中的人体形象主要分为三类：
一类是因缘佛传故事中的人体形象，如树下诞生
中的太子、娱乐太子图中的宫女、耶输陀罗入梦
中的耶输陀罗、降伏魔女中的魔女、说法图中的
龙王及其眷属等；一类是乐舞场面中的人体形象，
如克孜尔石窟第38窟左、右壁说法图上方带状的
十四组伎乐等；还有一类人体画多系印度本土宗
教的神祇或佛教受其影响而在题材内容上相互混
杂的人物形象，如大自在天及其妻、苦修老婆罗
门等。这些绘制在壁画中的人体形象有着特殊的
宗教功能。

教育广大信众

　　佛教往往利用艺术，来使我们更好地感到佛
教的真理，或是用图像说明佛教的真理以便于想
象。龟兹石窟壁画中的裸体就是为"说明佛教的
真理"而应用的一种绘画方式。下面以克孜尔石
窟第118窟的壁画为例说明。

　　这个洞窟是个讲经堂。一般用于向僧侣和信
众讲述佛教的义理和戒律。该窟正壁绘娱乐太子

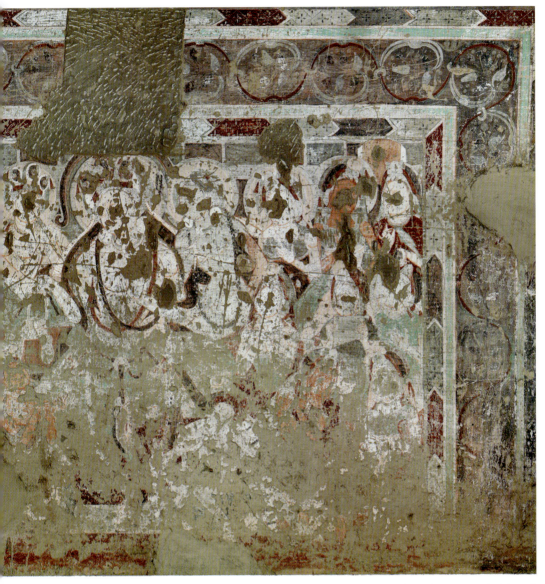

克孜尔石窟第 118 窟主室正壁 "娱乐太子图"

画面中，中间的太子带宝冠、挂璎珞、着臂环；太子左侧均为女像，着紧身胸衣，袒臂，吹箫笛，逗鸟，
弹箜篌，姿态妩媚；最近处为一全裸女子，右手握挤乳房，上身前倾逼近主像，有明显的引诱之意；
太子右侧基本为男像，均端坐

克孜尔石窟第 118 窟主室券顶

克孜尔石窟第212窟主室右侧壁 人头骷髅

图，画面正中，太子结手印作厌恶状，而左侧的女像则完全为持娇求爱的动作。于是，围绕着主像就构成了一个戏剧冲突的场面：一边是色情的诱惑，一边是理智的召唤。在激烈的争夺中，理智终于占了上风，画面的主人公把头转向一边，双目紧闭，不再理会这些媚人的娇娘们，宗教主题鲜明地显示出来。可以肯定，这个主人公，或者说这幅画的主像就是悉达多太子——未成道之前的佛陀。他正在经受巨大的考验。按原始佛教"必须灭欲"的精神，显然，第118窟正壁的壁画可以起到这个作用，它被石窟寺的主持

者用来进行布道宣传也是理所当然的。

以上故事的主角采用裸体表现她们的"放纵""骄慢""无度"等"贪欲"行为，这具有特殊的含义，尽管她们很美，有性感的裸体外相，但都是进行戒、定、慧教育达到"弃贪离欲"的反面视觉教材。

为修行的僧侣或信众提供观像的内容

"观像"，是通过观看佛以及生平事迹以求得精神解脱的手段。"观"在这里不能简单理解为观看，它是指注意力高度集中的一种精神状态，即不仅要看，而且要通过看，冥思苦想；"像"指佛像，包括佛的单身像以及佛本生和佛传等各种故事画面。小乘佛教是以自我解脱为目的的，所以重禅行和苦修。克孜尔石窟壁画中就有不少僧人坐禅的形象，克孜尔石窟第 118 窟主室券顶画面可为其代表。龟兹在鸠摩罗什时代禅风已流行，今克孜尔石窟中僧房数目颇人，除一个床、一个灶、一个灯台之外，余无他设。显而易见，这些僧房除了供僧人日常生活休息，有相当一部分被当作苦修的禅室。距克孜尔石窟不远的苏巴

克孜尔石窟第110窟主室右侧壁 "耶输陀罗入梦"

什佛寺也有不少禅室遗迹。这都说明，在龟兹境内，禅学在当年是很盛行的。

　　克孜尔石窟壁画中，有许多裸体形象属于"不净观"的内容。例如克孜尔石窟第110窟主室右侧壁，画面着重表现耶输陀罗和宫女熟睡以后袒身露体的丑态，用以反衬一旁冷静观察、托腮沉思的太子，所以裸体非常鲜明。在这里，裸体是因故事内容而有意安排的。克孜尔石窟第67窟左侧壁画面上的一组人物，左面为　比丘坐于树下，右方为四身贵族身份的人，紧接是一裸露上身姿势优美的女性，女性面部前方有一人头骷髅。此图就是引导观像者，将美丽的女性观想成白骨骷髅。克孜尔石窟第212窟两壁残存有多个人头骷髅，这里也是教授"不净观"的场所。

　　毫无疑问，除佛陀创立的那种"不净观"的理论而外，在实践上，观像的作用是不能低估的。古代龟兹的艺术家懂得这个艺术表现规律，他们为了说明一个宗教哲学道理，不是用概念，而是用生动的艺术形象，并始终给观众以回味的余地，如此带来的教化作用是任何一部佛教经典都无法达到的。

焉耆石窟

龙兴之地的艺术

这里曾是文明和艺术的交汇点。汉朝的有勇有谋以及唐朝的骁勇善战，让这片土地继承了两千余年来经久不衰的梦想和希望，也留下了独属于这里的辉煌。

第五章

焉耆在西汉时为西域三十六国之一，地处丝路北道，东接高昌，西邻龟兹，南通鄯善，北经银山可达草原，地理位置相当重要。历两汉至隋唐，各朝代正史的《西域传》中皆有焉耆国的记载，焉耆这个地名也一直延续至今。目前关于焉耆佛教信仰的最早情况见于公元 4 世纪法显的记载。在其《佛国记》中，记述此时的焉耆，"僧亦有四千余人，皆小乘学，法则齐整，秦土沙门至彼都，不预其僧例"。随后，焉耆继续发展，至玄奘来时，这里寺院有十多所，僧徒两千多人，研习小乘佛教说一切有部。七个星佛寺早期艺术反映的就是这一时期的状况。

唐朝时，高宗显庆四年（659），焉耆列为安西四镇之一。后虽然其重要性时有升降，但至公元 8 世纪初期，焉耆一直是唐朝治理西域的重要基地。唐高僧玄奘在《大唐西域记》中载：阿耆尼周东西有六百多里，南北有四百多里。寺院有十多所，僧徒有两千多人，研习小乘佛教。由此可见，焉耆是个小乘佛教为主的地区。

唐朝对焉耆一百多年的治理，保证了当地政治的稳定和经济的发展，也为当地文化的繁荣创造了条件。焉耆的佛教得到进一步发展，七个星寺院的兴盛即反映出一个侧面。七个星和霍拉山佛寺遗址中出土大量具有唐代风格的艺术品和唐代的钱币也说明了焉耆佛教不仅是受到龟兹佛教的影响，另外也和中原文化有着密切的交流。公元 8 世纪，从印度等地游学归国的慧超在其《往五天竺国传》中记载，此时的焉耆国，"是汉兵领押，有王。百姓是胡。足寺足僧，行小乘法"。公元 9 世纪以后，强盛一时的漠北回鹘汗国崩溃，部众纷纷西迁。至咸通七年（866），其中一支回鹘部落，在首领仆固俊率领下，击败吐蕃，斩吐蕃大将尚恐热。随后，这支回鹘部落逐步建立起包括高昌、北庭、龟兹和焉耆的高昌回鹘王国。公元14世纪，佛寺营建活动逐渐衰落。

焉耆地区目前保存的石窟寺仅有一处，即七个星石窟。

七个星石窟

七个星石窟距焉耆回族自治县七个星镇七个星村南部偏东8.5千米，地处天山南麓、焉耆盆地西南部的霍拉山山前地带的一道低梁上。东临宽阔的开都河冲积平原，西为连绵的霍拉山山地。石窟区南200米处是地面寺院遗址。

洞窟建在山坡低梁的西坡，由北到南呈一线排列，洞窟位置高度也不相同。这里现存十二个洞窟，由北向南依次编为十二个号。第2窟至第10窟相互之间的距离较近，南北延伸约200米。第1窟在第2窟以北100多米处，第12窟在第11窟以南100多米处。

洞窟类型

洞窟类型大体可分为三类，即：中心柱窟、方形窟、禅窟。

中心柱窟

一般分为前室、主室和后室。第2、3、5、6、7、9窟均属此类洞窟。这种洞窟前室现为半敞开式，即有两侧壁、正壁和窟顶。其中两侧壁或就

七个星石窟外景

岩体凿成，或以风干泥砖砌成，或二者兼具。窟顶或就岩体凿成，或用木料和泥土架设而成。前室内原来立有塑像，现大部残损。前室正壁正中开门道通主室。主室平面为方形，纵券顶。正壁前原有立姿大塑像，大像立于半圆形大莲花座上，现仅余莲花座。洞窟侧壁一般有一或二道贯通整壁的横槽，横槽上原安装有各种塑像，可能是伎乐天人等。主室顶部绘有壁画，主室正壁左右两侧下方开甬道通后甬道或后室，甬道内绘供养人或佛本行经变画，后甬道或后室绘菱格山水或涅槃佛传故事画。有的后室内有垒砌的涅槃台。

七个星石窟第 2 窟主室内景

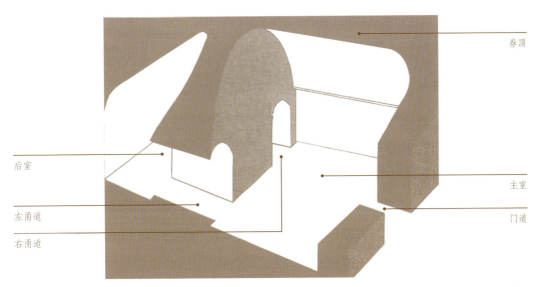

券顶

后室

左甬道

右甬道

主室

门道

七个星石窟第 2 窟空间示意图

方形窟

这类洞窟一般由前室和主室组成。前室大多残损，如第 4、8、10 窟。有的与其他洞窟有共用前室，如第 7—9 窟有共用前室。主室平面为方形，主室正壁有塑像，有的侧壁也有塑像。

禅窟

这类洞窟仅有一个，即第 12 窟，现塌毁严重。依据奥登堡的记载，该洞窟主室平面为长条形，纵券顶，两侧壁各开三个同样的禅窟。主室侧壁的禅窟口间画有双肩冒火焰的罗汉像。中脊画太阳，券腹画菱格山图案。各禅室内则画禅僧像、花朵、摩尼宝珠及骷髅像。

可以看出这是一个以礼拜为其主要职能的寺院区。除第 1 窟、第 11 窟被毁，第 12 窟为禅窟外，其余各窟均具有礼拜功能。

壁画题材与艺术风格

七个星石窟的主室、甬道及后室原来都曾绘有壁画，但现在保存下来的不多，大体说来主要包括以下几类：

坐佛

这类佛像通常较小，绘制于主室券顶部位，一般结跏趺坐。表现的可能是过去诸佛。

卢舍那佛

大乘佛教中的报身佛，是表示证得了绝对真理获得佛果而显示了佛的智慧的报身。在七个星石窟第 9 窟的侧壁绘有此佛。

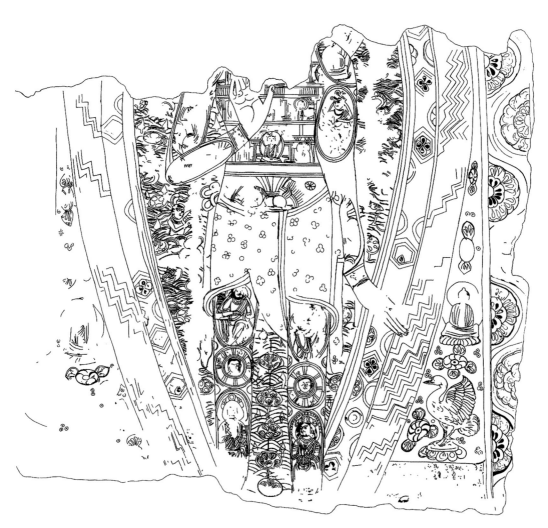

七个星石窟第９窟侧壁 卢舍那佛（线描图）

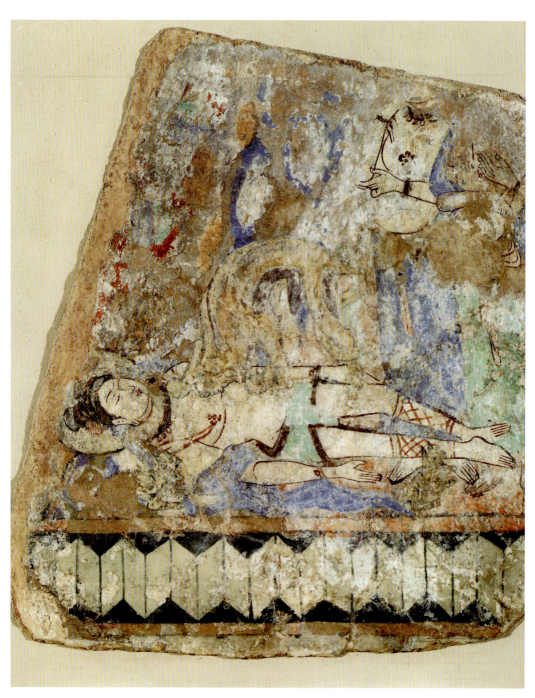

七个星石窟第 7 窟主室窟顶 "摩诃萨埵本生"

本生故事

这是佛教中表现佛祖释迦牟尼历世修行菩萨道的一类故事。七个星石窟中绘制的本生故事为圆幅形式，非常有特点。

因缘故事

这是佛教中劝谕世人崇信佛法，多行善事，积累功德，以求善报避免恶报的故事。七个星石窟中的因缘故事有圆幅和横列两种，其中圆幅因缘故事是其特色。

佛传故事

这是讲述释迦牟尼一生教化事迹的故事。七个星石窟中保存的佛传故事不多，主要有"降魔成道"和"涅槃"。"涅槃"在第5窟后室保存有部分画面。左、右甬道侧壁还出现了以大型立佛像为中心的佛本行经变画，如第9窟甬道侧壁有释迦牟尼披发掩泥而得授决定记的"燃灯佛授记"佛传故事。

立姿天人

天人，是指佛教所说的生活于六趣最高的天界众生，他们不仅能享受比人更好更多的福报，而且享受的寿命长。在小乘佛教中，此类生灵在佛教的一些重大事件中常常出现，发挥供法、赞法和护法的作用。七个星石窟中的天人一般绘制于主室券顶的莲茎环格画或长条画中。

供养人

供养人是佛教石窟中出资开窟造像的世俗人物，他们往往将自己的画像画于洞窟的某个部位。七个星石窟中的供养人画像除有当地人外，还有回鹘人。

菱格山水

主要保存于某些中心柱窟的后室券顶，壁画整体布局为菱形格，其中心为水池，池中有树。与龟兹石窟习见的菱格山水画比较接近。

纹饰

目前保存下来的主要有莲茎环格纹饰。这种图案以从净水中生长出的蔓藤卷草交错形成图案，中间填绘出带头光的人物图，蔓藤上生长着茂密

七个星石窟第 7 窟主室券顶 莲茎环格纹中天人

七个星石窟第3窟 供养人画像

的绿叶，净水中有童子嬉戏，鸭子游荡。

　　七个星石窟中，早期人物形象是脸庞丰满圆润，眉毛细长，鼻梁挺直，目微闭，唇小而厚，嘴角略带微笑。后期人物的特点则发生很大变化，方形脸庞，眼睛细长，眉眼距离增大，鼻翼较宽，具有典型的回鹘人特点。

　　线条运用上，早期壁画中线条硬直，缺乏变化，后期出现了中原式的兰叶描。

七个星石窟出土菩萨头部塑像　　　　七个星石窟出土天人像

年代及分期

　　七个星石窟大体可以分为两期。

　　第一期，包括第 1 窟和第 7 窟。洞窟为正壁有大立像的中心柱窟。主室侧壁绘有佛说法图，有的甬道侧壁绘本生故事，如第 1 窟。前壁绘供养人，形体较大，含本地人的特征。后室绘塑涅槃图，由于洞窟出土塑像中均有婆罗谜文写本，因而其年代不会早于公元 6 世纪。下限可能到唐朝设立焉耆军镇，其年代为公元 7 世纪。

第二期包括第 2、3、5、9 窟。这一期的洞窟仍为正壁有大立像的中心柱窟。对比第一期洞窟，第二期洞窟前壁门两侧的供养人变小，券顶中脊壁画变为莲茎环格画，第 9 窟甬道侧壁绘有佛本行经变画。供养人带有明显的回鹘人特点，其开凿年代当为公元 8 至 13 世纪。

雕塑

　　由于历史上自然和人为的破坏，七个星石窟现保存的雕塑很少，根据现存的遗物，对其塑像特点可以概括如下。

　　石窟中出土有木雕像和泥塑像，题材比较丰富，有本生、佛、菩萨、武士、婆罗门、魔众、天人、供养人、动物和树木等。制作工艺上的一大特点是模制像较多，在其周围的七个星佛寺中曾先后出土大量各类像范，石窟中佛像的特点尤其是小型佛像具有模制佛像的一些特点。

　　这些雕塑风格分为两种：一种是本地特点非常明显，雕塑面型圆润丰满，有比较集中的五官，眉骨隆起，黑色眉毛细长，鼻梁挺直通眉际，目深而微闭，嘴小，唇较厚，嘴角深沉，略露笑意。世俗人物的塑造很写实，如婆罗门，虽然都是修行者形象，络腮胡须，但根据内容的需要，或表现为双眉锁皱，两目圆睁，表现正在和佛争辩的情境；或表现为双目平视或下视，正在深思，当是被佛降服后的表情。至于供养人，则塑造的是本民族的形象，艺术家对此最熟悉，因此将其塑造得栩栩如生。供养人中的老者，满面春风，开怀大笑，表现出了他们供养佛时的喜悦心情。另一种为回鹘风格的雕塑，风格特点和同类型壁画相同。

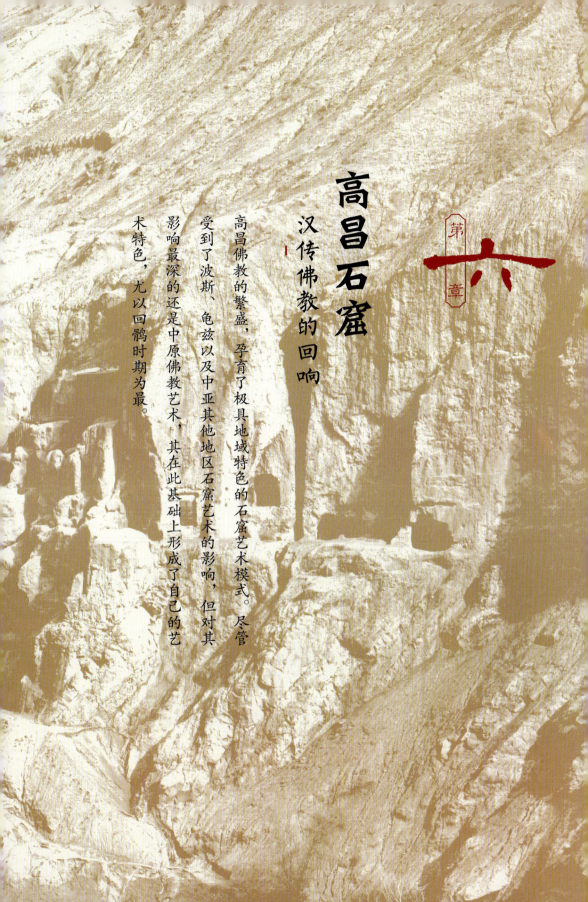

高昌石窟

汉传佛教的回响

高昌佛教的繁盛，孕育了极具地域特色的石窟艺术模式。尽管受到了波斯、龟兹以及中亚其他地区石窟艺术的影响，但对其影响最深的还是中原佛教艺术，其在此基础上形成了自己的艺术特色，尤以回鹘时期为最。

第六章

古代高昌，即今新疆吐鲁番地区。公元前2世纪，这里已经出现了城邦，称为"姑师"或"车师"，成为西域的绿洲城邦之一。

公元前60年，西域都护府建立，这里成为西汉的一部分。西汉末年，这里一度陷入割据状态，直至东汉明帝时期重归东汉管辖。直到公元4世纪初，随着晋王朝灭亡，来自河西地区的大批汉族移民迁至高昌，改变了吐鲁番地区的民族构成，同时，当地经济、文化空前发展。前凉建兴十五年（327）始置高昌郡，进入高昌郡与车师国并存的时代，直到北魏太平真君十一年（450），高昌郡变成独立王国后灭掉了车师国，从而结束了两国并立的局面。其后，经历了阚、张、马、麴四个政权，直到唐贞观十四年（640），侯君集攻伐高昌，改置高昌为西昌州（后改西州），置安西都护府于交河城。唐末，西州陷于吐蕃。随后回鹘首领仆固俊自北庭取西州，立国于高昌城，史称高昌（西州）回鹘。公元12世纪初，高昌回鹘王毕勒哥归附于建立西辽的耶律大石。蒙古族兴起后，高昌回鹘摆脱了西辽的统治，于公元1209年臣附成吉思汗，在此设立火州，元末设万户达鲁花赤，统辖柳城、火州、吐鲁番。到了后来，这一地区长期为元朝西北藩管辖区域。明时，柳城、火州并入吐鲁番，称火州地。

"北庭"在今吉木萨尔县，隶属新疆维吾尔自治区昌吉回族自治州。据史籍记载，早在汉魏时期，这里便是车师后王国王治所在地。公元840年回鹘从漠北西迁北庭，后成为高昌回鹘王国的陪都，仍名"北庭"，亦称"别失八里"。

东晋时期，汉文史籍首次出现了有关车师前部王弥寊重佛法的记载。僧人鸠摩罗跋提被尊为国师，佛教在高昌得到很大程度的发展，成为车师国的国教。

佛教初传高昌时，小乘教派兴盛一时。东晋长安沙门僧睿指出："三十六国，小乘人也。"当然高昌也不例外。当时长安等地大乘佛教盛行。苻坚统一北方后，丝路北道畅通，西域佛经和佛教宗派内流。小乘经籍流行长安，小乘教派在关中盛行。与此同时，大乘教派和经籍也在高昌开始流行。

公元5—7世纪，即从北凉残部到高昌建立流亡政权至麴氏高昌灭亡期间，是高昌佛教的第一个兴盛期。十六国时期，河西走廊诸小王朝都大力倡导佛教。在此历史背景下，高昌地区各国僧人云集，诸经广布，多种语言并行，译经活跃，寺院林立，高昌成为西域一大佛教中心。

麴氏高昌历代的统治者大都是虔诚的佛教徒。玄奘西行路经高昌，国王麴文泰执意挽留，可见佛教之盛况。

唐贞观十四年（640），侯君集平高昌设置西州，佛教受到保护，并在麴氏高昌的基础上继续发展，从出土文书上可见佛寺的数量有增无减。中原佛教艺术开始回流西域，中原佛教艺术的独创——经变图开始大量出现于高昌石窟。

公元9世纪中叶，高昌回鹘王国建立。高昌回鹘人最初信仰的是漠北的摩尼教。此外，高昌地区还出土了很多摩尼教经卷。公元9世纪末至10世纪初，高昌回鹘王室改信佛法，佛教势力卷土重来。此外，公元10世纪信仰伊斯兰教的喀喇汗王朝在喀什和于阗等地取得统治地位后，迫使一部分佛教僧侣逃往高昌，从而促使高昌成为回鹘人的佛教中心，高昌佛教迎来了又一兴盛期。《宋史·高昌传》记载："西周回鹘可汗遣僧法渊献佛牙。"王延德在高昌见"佛寺五十余区，皆唐朝所赐额，寺中有《大藏经》《唐韵》《玉篇》《经音》等"。高昌回鹘王国大力组织人才翻译佛经，并设翻译机构。一时间，高昌佛经翻译人才辈出。著名的回鹘佛经翻译家胜光法师将《金光明经》及《大慈恩寺三藏法师传》从汉文译成回鹘文；梵文、吐火罗文和藏文等佛经也被译成回鹘文。很多石窟群和寺院遗址出土过汉文、梵文、吐火罗文、粟特文、突厥文、西夏文、藏文、八思巴文等十七种不同文字的经卷。直到元代，大都（今北京）还有畏兀儿寺院及僧尼。畏兀儿僧人在元代佛经翻译活动中享有重要的地位。

高昌佛教从公元 3 世纪传入，至公元 15 世纪衰落，前后经历了 1200 多年。元末动乱，高昌佛教也和高昌回鹘王国一样逐步走向衰落。至公元 15 世纪，佛教被伊斯兰教所代替。

石窟艺术

高昌佛教的繁盛，孕育了极具地域特色的石窟艺术模式。尽管受到了波斯、龟兹以及中亚其他地区石窟艺术的影响，但对其影响最深的还是中原佛教艺术，其在此基础上形成了自己的艺术特色，尤以回鹘时期为最。

洞窟形制上，类型多样，有受龟兹石窟艺术影响的中心柱窟和僧房窟，然而更多的是受汉风佛教艺术影响的方形窟。而在方形窟中，又以纵券顶方形窟数量最多，类型最为丰富。

雕塑上，以木雕和泥塑居多。泥塑存者以头像居多。题材有佛、菩萨、金刚、夜叉和佛塔等。汉传佛教艺术特色明显，同时也可以看到犍陀罗、中亚等地区的影响。回鹘风格的雕塑体现出较为浓郁的地方特色。

壁画题材上，虽然也有龟兹地区流行的本生故事和说法图，但以千佛和经变画为大宗。此外，大乘和密教的尊像也大量出现。纹饰种类丰富，其中火焰纹、折线纹、水波纹、藤蔓卷草纹和茶花纹是主要类型。艺术风格上，以回鹘时期艺术最具代表性。此外，汉传佛教艺术和龟兹艺术的影响痕迹也随处可见。

洞窟形制

高昌地区石窟寺的类型主要包括中心柱窟、方形窟、僧房窟和禅窟等。

中心柱窟

中心柱窟与龟兹地区的相同，一般由前室、主室组成，后室中心为塔柱。两地的差异在于：高昌地区中心柱窟主室券顶多为横券顶或平顶，塔柱除正壁开龛或立像外，其余三壁开龛的情况也较多。窟内题材既有流行于龟兹地区的佛教故事画和立佛，也出现了河西乃至中原地区常出现的一佛二菩萨、千佛、经变画等题材。壁画风格上既可以看到龟兹艺术对其的影响，也可以看到汉风和回鹘风艺术对其的影响，如吐峪沟石窟第 38 窟。

吐峪沟石窟第 38 窟位于石窟群沟东区，为一中心柱窟，由前室、门道、

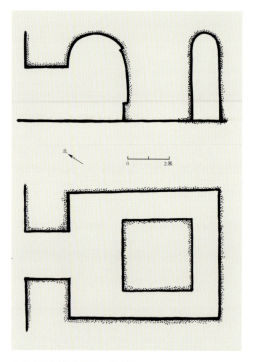

吐峪沟石窟第 38 窟平、剖面图

主室和后室组成。前室大部塌毁，正壁开门道通主室，平顶。主室平面为横长方形，盝形顶。主室正壁中部开一浅龛。正壁两侧下方开左、右甬道通后甬道。左、右甬道为纵券顶，后甬道为横券顶。

门道顶部残存莲花图案。

主室正壁原塑像已毁，壁面残存影塑头光和身光，头光和身光里圈绘坐佛和火焰纹，身光最外圈影塑蛇形龙头。立佛上部壁面绘一列佛与菩萨，均立姿，相间排

吐峪沟石窟第38窟主室右侧壁 说法图

列。立佛和菩萨均有华盖。立佛着袒右袈裟，持与愿印，脚踩莲花。菩萨
头戴宝冠，三角形飘带从头冠后面向两侧飘扬，耳饰一对圆形大耳环，颈
饰璎珞，身披帛带；一手提净瓶置胯前，一手屈臂外张，脚踩莲花。佛与

吐峪沟石窟第38窟主室右侧壁上方 佛与菩萨

菩萨躯体呈"倒S"形，面部大部分被刮毁。背景点缀有小花蕾图案。

主室前壁门道左侧壁面上部残存三列说法图，每列说法图仅存两幅。门道右侧壁面上部亦残存一列两幅说法图。说法图下方绘方格坐佛。

主室左侧壁上部绘三列说法图，每列两幅。

主室右侧壁上部绘一列佛与菩萨，均立姿，相间排列。中部绘一列两幅说法图。说法图下绘方格坐佛。

吐峪沟石窟第 38 窟左甬道外侧壁 佛与菩萨

　　主室顶部绘平棋图案，图案中心绘莲花中坐佛，坐佛着双领下垂袈裟。

　　主室正壁、两侧壁上部与顶部交界处自下至上依次绘两列纹饰：箭头纹和忍冬纹。

　　左甬道外侧壁下部正中绘一佛二菩萨，其周围绘一圈坐姿佛与菩萨，佛与菩萨相间排列，外侧壁中上部绘方格坐佛，顶部壁画脱落。

　　后甬道仅正壁残存部分方格坐佛。

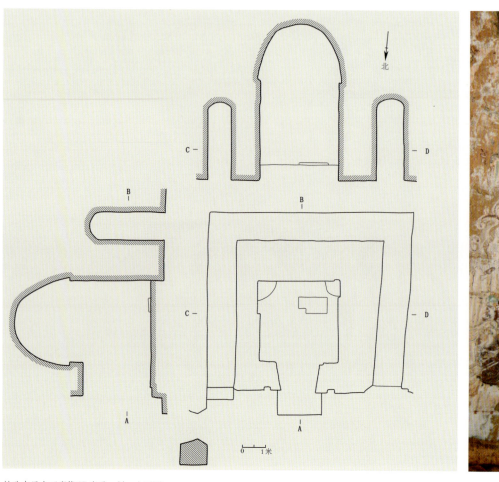

柏孜克里克石窟第15窟平、剖、立面图

方形窟

这类洞窟是高昌地区数量最多的，且类型丰富。其平面一般为纵长方形、方形或横长方形。主室一壁（正壁）或多壁雕凿或垒砌像台，有的窟内垒砌佛坛，如柏孜克里克石窟第29、39窟；有的窟内后部为一个方形殿堂，称为中心殿堂窟，如柏孜克里克石窟第15窟。

柏孜克里克石窟第15窟

本窟主室平面近似方形，正壁前地面上残存一长方形像台。殿堂左侧、

柏孜克里克石窟第15窟后甬道 纹样

右侧、后方各设甬道。右侧甬道略向内倾斜，不与后室垂直。左、右甬道顶为纵券顶，后甬道顶为横券顶。

殿堂内壁画脱落殆尽，穹窿顶西南帆拱处依稀可见天人形象。正壁原应为观音经变，两侧壁分别有天王行道图、毗沙门天王猎捕金翅鸟图及天王眷属图。甬道壁画大多被割取，或遭渗水漫漶不清，原为表现佛传故事的誓愿图，上接垂缦纹，券顶绘宝相花纹样。

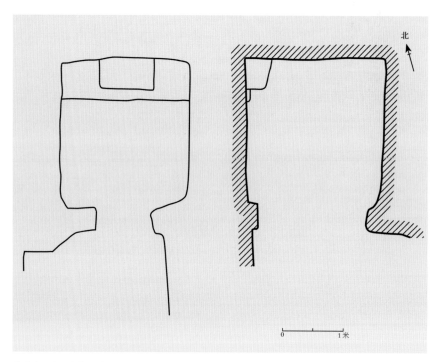

北

0 1米

柏孜克里克石窟第 29 窟平、剖面图

柏孜克里克石窟第 29 窟

　　该窟主室正壁前存通壁低台，低台中部残存像台。

　　主室正壁为绘塑结合的弥勒经变，塑像几乎毁尽，仅余像台上膝盖以下交脚部分。壁面除浮塑扇形身光外，绘制上下叠列的坐姿闻法菩萨，并延伸至左、右侧壁面。左侧壁绘六字观音经变和蒙古族供养人，右侧壁存阿弥陀经变，券顶绘制坐姿千佛。

柏孜克里克石窟第 29 窟主室左侧壁 六字观音经变

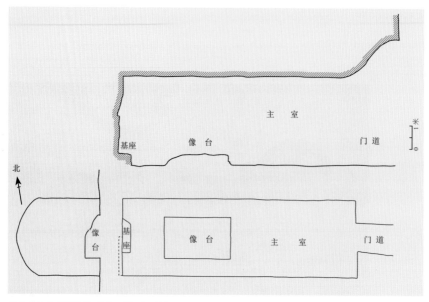

柏孜克里克石窟第 39 窟平、剖、立面图

柏孜克里克石窟第 39 窟

该窟主室正壁中部存像台，地面近正壁处存一矩形基座。

正壁为绘塑结合的观音曼荼罗，像台之上贴塑出山形，壁面绘制曼荼罗中之观音眷属，并延伸至左、右侧壁。左、右侧壁延伸部分大致可分为三层：上部为驾云而来的十方赴会佛，左、右各五身；中部为赴会天人；下部为观音眷属。左、右侧壁余下壁面从内而外可分为三部分，紧接观音眷属部分左侧壁绘制文殊变，右侧壁绘制普贤变，均参考《五台山图》绘制出山水背景；再外部分左、右各绘制五身菩萨，共计十身，与中央佛坛构成释迦牟尼及十大菩萨；最外部分绘制四大天王，左、右各两身。券顶绘制千佛图像，个别图像附近留有榜题。

柏孜克里克石窟第 39 窟右侧壁 普贤变

僧房窟

僧房窟种类多样，既有龟兹式的由侧甬道和居室组成的僧房窟，也有由多室（居室、禅室和储藏室等）组合而成的僧房窟，还有单室的僧房窟。

龟兹式的僧房窟，如胜金口石窟第12窟。该窟由侧甬道和居室组成，居室平面略呈长方形，右侧壁中上部有长方形低台，低台上壁面开龛，前壁中部开龛。壁面涂抹青色草拌泥，上面再抹一层白灰。

多室组合的僧房窟，如吐峪沟石窟沟西区第60窟。该窟由前、后室组成，两部分宽度、高度皆相同。前室以土坯垒砌，后室于山体中开凿。前室平面呈纵长方形，纵券顶。各壁及窟顶先于土坯墙上涂抹草拌泥，再涂石灰。前壁右侧开纵长方形门道通窟外，尚存安设木质门框的凹槽。左侧开方形窗。正壁中部为后室门道，其上开明窗。

右侧壁前半部、正对门道以土坯砌筑挡风墙。挡风墙内侧置低矮土床，土床长3.1米，宽1.21米，高0.13米。环绕土床三侧壁皆于草拌泥、石灰层上涂抹青泥层。土床与三侧壁面相接处绘朱红色条纹带，其上残存一排红色卷草纹。

后室平面呈横长方形，纵券顶。各壁及窟顶涂层先于土坯墙上涂抹草拌泥，其上涂石灰层。左、右壁与前壁、正壁相接处皆绘朱红色条带。四壁中部皆绘朱红色长方形栏框纹带。

前壁中部开长方形门道，门道底部以土坯砌筑门槛，内侧有安设木质门的痕迹。门道上方0.2米处开圆拱形明窗。

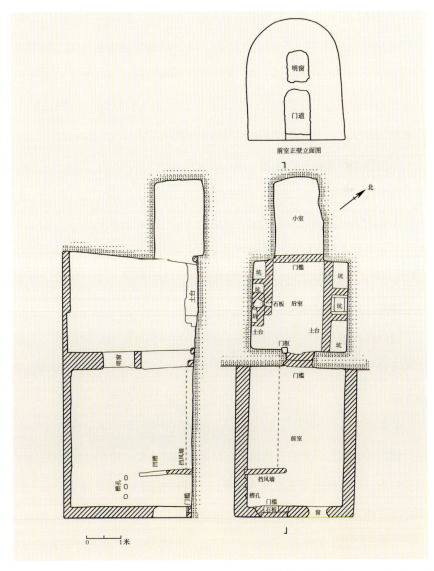

前室正壁立面图

明窗

门道

北

小室

坑

门槛

坑

坑

后室

石板

坑

土台

土台

门枢

土台

门槛

明窗

前室

回槽

挡风墙

挡风墙

槽孔

门槛

门枢

槽孔

石板

窗

0   1 米

吐峪沟石窟沟西区第 60 窟平、剖、立面图正壁中部开一小室，平面呈纵长方形，纵券顶。室口以土坯砌筑门槛。地坪略低于后室地坪。各壁及窟顶先于岩体上涂抹草拌泥，其上涂抹石灰层。

左侧壁下部以土坯砌筑一通壁长方形土台，内部以土坯分隔出三个长方形坑。土台表面涂抹草拌泥，将三坑全部封闭。

右侧壁下部亦以土坯砌筑一道与左壁形制相似的土台，内部以土坯分隔出四个长方形坑。

小室地坪低于前室地坪，室内壁面涂抹草拌泥和石灰层。

单室的僧房窟，如伯西哈石窟第9窟，该窟为方形平顶窟。洞窟前壁开门通窟外，窟门为平顶。窟内没有壁画。

禅窟

如吐峪沟石窟沟西区第26窟。该窟由前、后室组成。它们平面形制均为纵长方形，两侧壁各开凿三个小室，前室以土坯垒砌，后室则开凿于山体内。

前室由门道、主室和小室组成。门道呈横长方形。主室平面呈纵长方形，纵券顶。主室左、右两壁各砌筑三个对称布局的小室。各室形制规整统一，面积较小，平面多呈横长方形，纵券顶，开圆拱形门。室内壁面涂抹一层草拌泥，其上涂石灰层，有的表层涂青泥层。

后室由门道、主室和小室组成。门道上方凿一近方形明窗，外高内低，底部、顶部呈斜面状。门道纵券顶。前端以土坯砌出门槛。

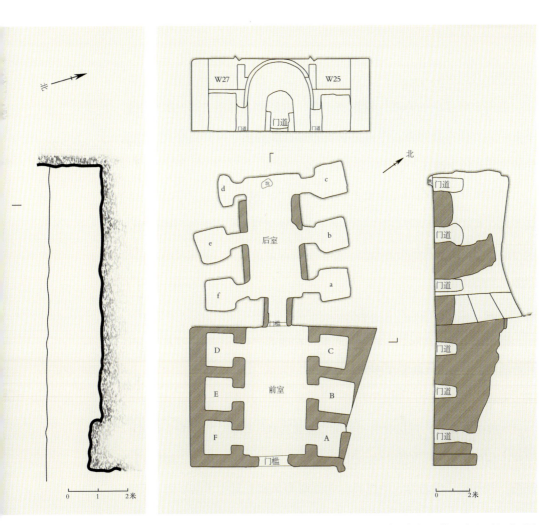

伯西哈石窟第 9 窟平、剖、立面图

吐峪沟石窟沟西区第 26 窟平、剖、立面图

主室平面呈纵长方形，纵券顶。左、右两壁各开凿三个对称布局的小室。各室保存较完整，平面呈横长方形，纵券顶，开圆拱形门。壁面涂层先于岩体上涂抹一层草拌泥，其上涂石灰层。

前室残存少量壁画。左侧壁上部绘一汉式木构楼阁，残存三层，庑殿顶。其下残存两层木构建筑顶部。右壁上部近窟顶起券处残存七重行树壁画，以方形界格的形式分列分幅布局，界格中绘深蓝色宝树。前室及小室中残存墨书回鹘文题记。

雕塑艺术

高昌地区吐峪沟石窟、胜金口石窟、柏孜克里克石窟等处遗址出土有佛教雕塑，质地以木雕和泥塑为主。

木雕

木雕数量较多，包括立佛、坐佛、佛像残件、菩萨、多臂神、怪物、神像、和尚、信徒、伎乐、鬼子母、舞女、夜叉、毗沙门天、婆罗门、莲花、舍利盒、佛塔等，明显具有中原雕塑风格。其中木雕交脚菩萨像和小坐佛塑像，形制与北魏佛像有共同之处，时代似较早。木雕在形态上表现出脸型较圆，颊和颚部肌肉较丰满，眼细长流丽，眉与上睑间表示凹凸的线不明显或消失，鼻柔和优雅，口较小等特征。

泥塑

泥塑大部分残毁严重，存者以头像居多，其题材，除与其他地区同样有的佛、菩萨、武士像外，还有夜叉等。

高昌故城出土坐佛像

公元 5、6 世纪的泥塑较少，造型与焉耆地区出土泥塑相似，并包含一些其他因素。泥塑在形态上表现为卵圆形的面部，发际至眉的距离较宽；细而弯曲的眉毛，隆起的鼻梁与眉骨相接，小且厚的嘴唇；佛背光中往往装饰有联珠纹图案；菩萨额前的头发从中间梳理成云纹状，再分向两侧，呈弧形卷曲。

到公元 7 世纪的唐代，泥塑数量增多，尤其是彩塑，直至公元 10 世纪以后的回鹘时期，都保留着浓郁的中原风格。泥塑人物体形端庄挺拔，身材匀称。脸形方圆，两颐丰满，眉修长，眼稍显长斜，唇厚，嘴小，耳朵垂直，发际呈新月状。佛的肉髻耸起，顶端较平坦。身披的袈裟中，双领下垂、袒右式样增多，也出现了偏衫。袈裟上随身旋转的褶襞呈阶梯状凸起，这更接近敦煌的造像风格。高昌雕塑中较小的装饰是比较写实的，如莲花座即用自然主义的方法雕成，菩萨的头饰简洁，有的鬓发遮耳，酷似当时的仕女打扮。除此之外，在少数雕塑作品中也可看到犍陀罗、印度和希腊罗马艺术的影响印记。

高昌故城出土木雕立佛像

高昌故城出上天人头像

高昌故城出土立佛

回鹘塑像的人物造型虽与汉风有相似处，但更多体现着本地居民的审美趣味，人物具有健壮勇敢的特点。长圆的面型丰腴莹润，修长的眉毛稍翘，柳叶形眼睛，黑色眸子，嘴小，鼻梁高且呈拱形。上述面部特征是回鹘人最明显的特点。

壁画艺术

高昌石窟的壁画题材内容丰富，包括经变画、尊像图、说法图、千佛、密教曼陀罗、供养人和纹饰图案等。其中经变画、供养人和纹饰是比较流行的题材。

经变画

经变画是指依据某部佛经绘制的佛教壁画。高昌石窟中的经变画种类丰富，比较著名的有佛本行集经变和观音经变等。

佛本行集经变

佛教认为，释迦牟尼成佛经历了漫长的修行过程，其中发愿和奉侍诸佛是其中重要的环节，而奉侍诸佛中的授记尤为重要。

授记，主要是证言未来成佛之意。既为修行者明确境界，又为追随者树立了可见的榜样。根据学者们的考证，高昌地区石窟寺中此类壁画主要是依据《佛本行集经》的《发心供养品》和《受决定记品》的内容绘制的，称为佛本行集经变。

此种经变画以大型立佛为画面中心，周围根据情节需要，分别绘出天部、金刚、比丘、国王等人物以及不同的道具和背景。场面宏大，内容丰富，具有很高的艺术价值。这种布局的佛教故事画源于龟兹，传入高昌后，经过回鹘艺术家的改造，成为回鹘艺术中极具特点的艺术形式。

高昌石窟中的佛本行集经变画以柏孜克里克石窟中的最为典型。它们一般绘制在纵长方形券顶窟的两侧壁。早期洞窟中绘制的佛本行集经变，面积大，铺数多，内容丰富，场面宏大。中期洞窟中的铺数减少，每铺画面的面积缩小，内容单调，而且故事情节也简单化了，大型立佛在画面中占据了大部分面积。晚期洞窟中的佛本行集经变减少，大型立佛两旁的人物形象减少了，背景中的亭台楼阁等变得低矮。

如柏孜克里克石窟第 22 窟左壁第一铺，佛面向右侧，右下方国王一腿盘坐台上，一腿下垂着地，合十赞叹，坦然自若。后面一比丘执剃刀，正为国王削发。这是释迦牟尼作"转轮圣王"时，"供养一万八千诸佛，皆同一号，号娑罗王如来"，"然后出家"剃度的描绘。这一内容是上述洞窟中最常见的画面，现存约六铺。

又如第 15 窟右行道左壁上绘有释迦牟尼以华盖供养辟支佛的场面。《发心供养品》说，释迦牟尼曾"供养八万八千亿辟支佛，幡盖香华，四事具足。乃至佛灭度之后，为起塔庙，供养如前"。表现在画面上，辟支佛面向身着戎装的国王，王头束花鬘冠，双手合十致意。佛像另一侧，两身同样装束的人，各举幡盖一顶，上方有两层楼阁式建筑，当为所起之塔庙。这一题材也是这些洞窟壁画中的主要内容，约有七铺之多。

在佛的上述事迹中，关于"佛于过去世为梵志，在莲花城得到燃灯佛授记"的故事最有特色。

释迦牟尼在过去世，为一梵志，名儒童子，跟从婆罗门学道，尽得真传。学成后为报师恩，出外寻找宝物。一日，他来到了输罗波城，恰逢有一个叫祭祀德的婆罗门在这里召开无遮大会，和自己的女儿用贵重财物布施才识渊博的婆罗门。儒童子诵出自己所学，令众人折服。此婆罗门便将所布施的物品交给儒童子，并要求他留在这里。但儒童子仅收下了金瓶、金钵及五百金钱，并且辞别众人，回山去见师父。途中，经过莲花城，正好碰上燃灯佛前往该城游化说法。他从一青衣女婢手中买了一枝七茎莲花。见到燃灯佛后，他将花散在空中以做供养。随后他又将自己的鹿皮衣铺在燃灯佛将走过的泥地上，但面积不够，就又将头发铺于地上。燃灯佛从他的头发上走过，并为儒童子授记预言他来世将作佛，名释迦牟尼佛。儒童子得到授记，身心清净，腾空于燃灯佛前，欢喜无限。然后降落于地上，顶礼佛足。

柏孜克里克石窟第18窟左甬道右侧壁上残留着该内容画面的下部，即"儒童子披发掩泥"的情景。柏孜克里克石窟第31窟左侧壁第七铺的"燃

柏孜克里克石窟第 18 窟左甬道右侧壁 佛本行集经变（局部）

灯佛授决定图"中，左下方佛脚旁，儒童子布发掩泥，为燃灯佛作桥，上方佛像头部一侧的圆形构图内也有同样的画面。其余洞窟中，布发掩泥的儒童子像已上升到画面的上方圆内立佛的头两侧。柏孜克里克石窟的这种画面数量最多，共有八铺。

观无量寿经变

随着阿弥陀佛信仰的发展，产生了与之相关的佛教经典，其中《观无量寿经》是最为信徒推崇的佛经之一。

依据此经绘制的壁画为观无量寿经变。此种经变画是汉传佛教艺术中的重要题材内容，开始出现于唐代，其表现形式随时代发展和地区差异而有所不同。根据调查，古代高昌地区也保存了许多观无量寿经变，其中柏孜克里克石窟保存得较多，比较完整的一幅现存于第17窟主室左侧壁。

该画面为中堂式布局，画面中央为阿弥陀佛法会图。楼台上，主尊阿弥陀佛位于画面中央，结跏趺坐于莲台上，手作说法印。佛头光发出数条光芒，光芒上为云气，云气上绘一佛二菩萨赴会图。佛两侧绘观世音菩萨和大势至菩萨，均结跏趺坐于莲台上。阿弥陀佛和观世音、大势至菩萨周围绘供养菩萨，楼台前的栏台上有闻法菩萨等。栏台两侧亭中各绘一坐佛，其旁有闻法菩萨。楼台、栏台前宝池水中有化生童子嬉戏。

此幅中堂画表现了此经中极力宣扬的西方净土的美妙情景：

七重栏楯、七重罗网、七重行树，皆是四宝周匝围绕，是故彼国名曰极乐。……极乐国土有七宝池，八功德水充满其中，池底纯以金沙布地。四边阶道，金、银、琉璃、玻璃合成；上有楼阁，亦以金、银、琉璃、玻璃、车璩、赤珠、马瑙而严饰之。池中莲花，大如车轮，青色青光，黄色黄光，赤色赤光，白色白光，微妙香洁。舍利弗！极乐国土，成就如是功德庄严。……常作天乐，黄金为地，昼夜六时，雨天曼陀罗华。其土众生，常以清旦，各以衣裓盛众妙华，供养他方十万亿佛；即以食时，还到本国，饭食经行。……彼国常有种种奇妙杂色之鸟——白鹄、孔雀、鹦鹉、舍利、迦陵频伽、共命之鸟。是诸众鸟，昼夜六时，出和雅音，其音演畅五根、五力、七菩提分、八圣道分，如是等法。其土众生，闻是音已，皆悉念佛、念法、念僧。……彼佛国土，无三恶道。……彼佛国土，微风吹动，诸宝行树及宝罗网出微妙音，譬如百千种乐同时俱作，闻是音者，皆自然生念佛、念法、念僧之心。

中堂两侧为两个条幅，左侧条幅中绘"十六观"题材，可辨的有日想观、

柏孜克里克石窟 第六窟 观无量寿经变

水想观、地想观、宝树观、华座观、像观、上品生观、中品生观和下品生观等。右侧条幅上部绘未生怨，下部绘"十六观"中上品生观等。

左侧条幅中"十六观"的基本画面构图相同，均为韦提希坐于地上，静观落日、水池、琉璃地、宝树、花座、佛像、僧人、俗人和地狱等。

右侧条幅描述了韦提希夫人由于种种人世变故信仰西方净土的故事，即"未生怨"。

条幅中保存的画面从上至下依次绘出阿阇世王收执父王（画面中一奔马夺门入城）、阿阇世王执利剑欲害其母（院内，阿阇世王拔出利剑，指向韦提希）、阿阇世王幽闭夫人（韦提希被闭置深宫）和韦提希夫人忏悔（韦提希双手高举，面向佛陀而跪）等情节，生动地描绘了故事的大意。

此幅观无量寿经变画与敦煌地区石窟中盛唐以后的同类题材壁画相比，无论是构图形式，人物、楼阁、栏台造型，还是色调及线条的运用，都可以发现相似之处，反映出汉传佛教艺术对其的深刻影响。

千手千眼观音经变

盛唐以来，和千手千眼观音有关的佛教经典多达十几种。但在高昌地区流行较广的是伽梵达摩的《千手千眼观世音菩萨广大圆满无碍大悲心陀罗尼经》。

唐初，唐高宗武德年间，千手千眼观音的仪轨及图像由印度僧人瞿多提婆传到了我国。贞观年间智通将《千眼千臂观世音菩萨陀罗尼神咒经》译成汉文。这时期，"千手千眼观音"信仰已逐渐形成，但真正开始流行，则是到了宋代。

高昌回鹘时期观音信仰尤为繁盛，画师们依据各种观音经在洞窟内绘制了大量的观音经变。其中，数量最多的即是依据《千手千眼观世音菩萨广大圆满无碍大悲心陀罗尼经》绘制的千手千眼观音经变。保存较好的见于柏孜克里克石窟第14、41窟。

柏孜克里克石窟第14窟的此经变绘于主室右侧壁。右侧壁正中残留一莲瓣形的背光，主尊为塑像，现已不存。背光左右两侧绘有壁画，可以辨识的有婆薮仙、功德天等形象。在靠近正壁的一边，残存宽0.15—0.3厘米、高0.2—0.4厘米不等的画面十二幅，其余三幅被割；靠近前壁的一侧、布局与上同，可惜全被割走。根据现存壁画，结合德国人发表的报告，可以断定此壁为绘塑结合表现千手千眼观音经变。

此经变画靠近正壁一侧的画面现还可辨识，画面右侧描绘了一世俗人物端坐于高的方形台座上，穿交领窄袖上衣，上身向前倾，手掌向外，似在讲说什么。画面的左下侧跪坐两身人物，望着台座上的人物，两人上方绘三朵盛开的莲花。旁有题记"常生善国"。一人字坡屋顶下一人物端坐于高台座上，穿交领长袍。其下有一身世俗人物，戴尖顶帽，穿交领衣交脚而坐，仰面望向高台座上的人物。旁有题记"所处常逢□□"。另外，还有四处画面也保存尚好，但题记无存。依据画面情况和保存题记，这表现的当是"十五善生"的内容。

此经变画靠近前壁的一侧被割走的部分现收藏于德国柏林亚洲艺术博

柏孜克里克石窟第14窟右侧壁 "十五善生"（局部）

物馆，分为两个画面。上面的画面描绘了三个人物，上方一人双手合十，盘腿而坐。下方两人围坐在一长条形桌子前，其上放一酒瓶。右侧一人束丫髻，手捧一酒器。人头发后束，穿戴与前人相同，手中似握一酒杯。画面的左侧有榜题，内容为：毒药所害不死。下面的画面绘出两个人物，左

侧为女性，头发后梳，双手合十，双膝跪地。右侧为男性，被一蛇缠绕而倒地。画面的左侧有榜题，内容为：毒蛇所中不死。依据画面情况和保存题记，这表现的当是"十五恶死"的内容。

此幅经变画的其余部分大多残损，无法辨识。但是根据与此年代和风格相近的第41窟的比对，可知在千手观音两侧上方还应该绘有六观音，头上方应该有十方佛。

除六观音外，几乎是完全依照《千手千眼观世音菩萨广大圆满无碍大悲心陀罗尼经》的内容绘制。

此千手千眼观音经变与敦煌石窟同一题材内容的壁画在构图、出现人物上都有所不同，当是高昌回鹘时期本地形成的艺术模式。

法华经变

《法华经》，全称《妙法莲华经》，印度大乘佛教的重要经典。该经因众"妙法"形容佛所教法的微妙天上，以及用"莲华"比喻佛教经典的清净洁白而得名。

《法华经》形成时间约在公元前1世纪。传

入中国后，共有六种译本，其中重要的有三种，分别是西晋竺法护译的《正法华经》、东晋鸠摩罗什译《妙法莲华经》以及隋阇那崛多和达摩笈多共译《添品妙法莲华经》。其中以鸠摩罗什译《妙法莲华经》流传最广。该经重点在弘扬"三乘（声闻乘、缘觉乘、菩萨乘）归一（指佛乘）"，调和大小乘和各种说法。

一般认为，将法华信仰绘成经变，是从隋代开始，据唐史记载，隋代著名画家展子虔始画《法华变相》一卷，但真正成为皇皇巨制则是到盛唐时期。虔诚的信众采用不同的艺术形式对这一佛教经变加以图述，一时成为佛教寺院中的流行题材。

高昌石窟中的法华经变大多发现于柏孜克里克石窟中，包括第17、23、49和51窟，现保存较为完整的是第17窟。

第17窟的法华经变绘于主室券顶，共有二十六幅方格构图的画面，法华经变位于接近正壁的券顶位置，主尊释迦牟尼佛结跏趺坐于台座，手结说法印，左右两边有菩萨和弟子，他们双手合十，虔诚跪拜，呈对称形式。台座左边有一组绘四佛坐于建筑物的情景，每位佛的两边都有供养人物，有的吹奏乐曲，有的手持乐器。此四佛及侍从下方有一伎乐和四位跪姿菩萨，其中两位菩萨手持鲜花供养。

台座右边有残存的牛车和鹿车，牛车旁边有一覆钵塔，塔中一佛，佛两边各有一带头光的人物，塔前存有一位贵族人物的头部。台座下方正中有一跪姿菩萨面对主尊。

柏孜克里克石窟第 17 窟主室券顶 法华经变

涅槃变

佛教所说的"涅槃"并不是指离开了人间、失去生命，而是指佛教徒经过种种苦修和善行后所能达到的最高境界，即人们脱离人生中的各种苦难烦恼，进入永远没有生老病死和轮回之苦的极乐世界，是佛一生最重要的事迹。因此佛教徒们以释迦牟尼入灭前的经历以及丧葬的经过，加上浓厚的"涅槃"宗教幻想色彩，编成了与涅槃相关的经典。

公元 1 世纪以前，在古印度巴尔胡特和桑奇浮雕中是以窣堵波（佛塔）的形式代表涅槃；公元 2 世纪左右，表现释迦牟尼入灭的图像在印度坎达拉佛教艺术中出现。此时期犍陀罗地区的涅槃情节日益复杂。除了"涅槃"场面，还出现了其后的一系列场景：入殓、焚棺、争分舍利、起塔等。随后犍陀罗涅槃题材传入中国新疆，该题材现保存较好的是龟兹石窟。除上述图像外，又增加了佛以神力渡恒河、阿阇世王闷绝复苏、断五趣轮回、第一次结集、法身常住等情节。

涅槃传入河西、中原地区，图像有了进一步的发展。场面更加丰富、宏大。

在高昌石窟中，涅槃变主要保存在柏孜克里克石窟中，包括第 16、31、33 和 42 窟。其情节除了起塔，涅槃后的情节已不见，画面重点是对涅槃场面的表现。此外，在具体的细节表现上也有自己的区域特色，比如增加了各地国王及信众礼拜的场面，以第 33 窟为例加以介绍。

第 33 窟主室正壁前保存有涅槃台。涅槃台上方原塑涅槃佛，现已无存。

涅槃台上方的壁面两侧绘两棵娑罗树，娑罗树上绘哭泣的树神。娑罗树间有涅槃佛发出的光束，光束上绘几座佛塔。娑罗树下方从左（与主室右侧壁相接）至右（与主室左侧壁相接）绘梵天、帝释天、四大天王、各地举哀众人。主室左侧壁靠近涅槃台一侧现存有部分举哀弟子的形象，右侧壁原绘有六身手持乐器的末罗族人和迦叶以及身穿白衣坐禅的须跋陀罗。

根据壁画的图像，可以看出本窟着重表现了须跋陀罗先佛入灭、佛涅槃、梵天帝释天四大天王举哀、各地国王及信众举哀、众弟子举哀、树神哀叹和荼毗等情节。

佛涅槃是本窟壁画的重点，除了绘制佛涅槃的场景，天众、比丘、信众及树神举哀被给予了浓墨重彩的强调，场面宏大，气氛热烈而凝重。

可以看出，柏孜克里克石窟涅槃变的主要情节与龟兹石窟相同，但是也增加了新的内容，如世俗信众举哀、末罗族伎乐供养等。前者明显受到了河西石窟壁画内容的影响，而后者则彰显了本地特点。

供养人

供养人就是信仰佛教、出资出力、开窟造像的施主和捐助者。供养人包括出家的比丘、比丘尼以及各阶级信仰佛教的人，也叫功德主。

这些供养人常常把自己的画像绘制在洞窟中，以彰显自己建窟造像的功德。

供养人来源于现实生活，他们的形象、衣冠服饰、榜题文字体现了所处时代以及所属民族。下面分别对高昌地区石窟中出现的供养人情况作一介绍。

回鹘供养人

公元 9 世纪以后，从漠北高原西迁的回鹘人在高昌地区建立了高昌回鹘王国。10 世纪以后，原本信仰摩尼教的回鹘人逐渐改信了佛教。石窟壁画中开始大量出现回鹘供养人的画像。

高昌石窟中的回鹘供养人有国王、王后、僧侣、普通贵族以及世俗民众。他们的体貌特征有很大的一致性，但在服饰上存在很大的差别。

回鹘供养人的服饰主要有首服和衣裳。

男供养人首服包括尖顶花瓣形冠、三叉冠和扇形冠。佩戴这三类冠的供养人都属贵族，在等级上尖顶花瓣形冠最高，三叉冠其次，扇形冠更在其后。

尖顶花瓣形冠用金属制成，冠座为圆形，冠体如一片莲花花瓣尖而高，从后向前合围而成。中间有一凸起形如花蕊冠用红带系结于颏下以固定。

三叉冠分为两类：第一类冠体较大，三叉呈"山"字形、中间一个较长，两边较短，叉顶呈三角形尖顶。冠用带系在颏下，冠后有布垂肩，垂布的面料，多呈红色。第二类三叉冠的冠座极小，三叉的造型特征更明显，叉顶为三角形尖角，冠后无布帛装饰。

所谓的扇形冠是指这种头冠的形制像一把打开的折扇，上大下小。这种冠的形制非常特别。一般来说冠多呈立体形，或圆或方，但从壁画上看，扇形冠似乎只是一个平面。

男供养人衣裳多为袍。袍主要有三种：一种为圆领窄袖长袍，袍无饰边，袍长及地或至膝；一种圆领袍在领襟、袖口、上臂和下摆有饰边，袍长及地或至膝；一种为斜襟右衽袍，袍长至膝。

柏孜克里克石窟第 20 窟中心殿堂前壁右侧绘有三身男回鹘供养人。他们头上戴着尖顶花瓣形冠，以红色带系于颏下，黑色的头发从中间分开

梳向两侧，纹路清晰，脑后垂着一条条整齐的及腰发辫。他们身着红色宽松长袍，长袍领口上有一圈白色，这应是里衣颜色。袖子比较肥大，袖口小。衣身下部右侧有开衩，开衩处露出绿色里子，里子下摆略上饰有深色边饰，非常精致，开衩处还可看到他们穿着黑色的靴子。腰带浅绿色，用细绳编结，上垂七事（武吏佩系在腰带上的七种什物）。

柏孜克里克石窟第 16 窟主室前壁北侧绘两排供养人。这些供养人的衣裳相同，均身穿领袖有饰边的长袍。此类长袍的款式为紧身修长，门襟、上臂、袖口以及下摆都有花边或绦子装饰。这种袍的袍身和袖子看起来非常合身，领部露出白色里衣，右侧开襟。腰间系有腰带，腰带右侧挂一个葫芦形袋子，前部系两条长带子，上面有细致的图案，左边挂着刀和巾。长袍色彩多样，有蓝色、浅黄色、白色、红色以及赭石色等。

其中第一排的供养人均头戴尖顶花瓣形冠；第二排前面四身供养人，头戴三叉冠，后面四身供养人，头戴扇形冠。

柏孜克里克石窟第16窟主室前壁 回鹘男供养人

　　女供养人的服饰主要组成部分也是首服和衣裳。首服包括桃形冠和花
蕾冠。桃形冠因冠的形状下大上小，形如仙桃而得名。花蕾冠，恰如将一
枝（或两枝）含苞待放的荷花花蕾连茎一起折下竖立在回鹘女供养人的头
上，装饰手法分为一枝花蕾和两枝花蕾。衣裳包括窄袖对襟长袍或圆领窄

柏孜克里克石窟第17窟 回鹘贵族女供养人

袖长袍。窄袖对襟长袍以红色为主，领袖有花边装饰。圆领窄袖长袍右侧直开襟，领、门襟、上臂及下摆都有直条装饰。

柏孜克里克石窟第17窟被德国探险队剥走的一块壁画中绘出了两身回鹘女供养人像。她们均头戴桃形冠，发饰繁复，身穿窄袖对襟长袍，袍长及地，以白色为主，衣领处有装饰。

柏孜克里克石窟第41窟左侧壁经变画边框内绘有三身世俗人物形象。其中一身为跪姿女供养人，一名幼童和一个女孩在其左右。此三人常被称为"母子供养像"。女供养人头上饰两枝花蕾，花茎为黑色，花蕾为红色。她穿红色圆领直襟袍，袍长至膝，开襟在身体右边，领部、门襟、上臂以及下摆都有长条形饰边。女孩头冠部残缺，红色袍外穿棕色半臂。

蒙古供养人

公元1209年，高昌回鹘王率部归附蒙古国，成吉思汗赐他为自己的第五子。高昌回鹘文化得以保存，但也可以看到蒙古族文化对其的影响。石窟艺术中出现了蒙古族供养人就是明证。

高昌石窟壁画中出现的蒙古族供养人有男性，也有女性。尽管有些身着蒙古族服饰的供养人可能是回鹘人，但是因为这里重点是对蒙古族供养人的服饰特点进行介绍，所以对具体洞窟中的具体人物的民族属性不予考虑。

高昌石窟中的蒙古族供养人像不多。男性的代表以柏孜克里克石窟第41窟前壁右侧下方供养人群像为例。该像中人物服饰有两种，穿两种服饰的人间隔而站。一种戴四方瓦楞帽，额前有一撮刘海，耳后垂圆形发辫。穿右衽袍，领襟、袖口、上臂及下摆都有饰边，袍长至膝，穿靴，裤子塞在靴子里。第二种发式与前同，戴后檐帽，服装形制与前一种不同的是在袍外又有比肩，其制右衽半臂，长度至臀部略下。他们的发型与服装，都是典型的蒙古族服饰，与相关时期的蒙古族人物形象极似。

四方瓦楞帽和后檐帽都是元代蒙古族应用广泛的服饰品。四方瓦楞帽，在很多元代蒙古族人物形象中可以见到。但这种四方瓦楞帽很有可能在古代西北少数民族中早有应用，只是到了元代备受蒙古族的喜爱，而成为具有蒙古族特色的服饰品。

两耳垂发辫是蒙古族的发式。其做法是将头顶正中及后脑头发全部剃去，只在前额正中及两侧留下三搭头发，正中的一搭头发被剪短散垂，两旁的两搭绾成两髻悬垂至肩，以阻挡向两旁斜视的视线，使人不能狼视，称为"不狼儿"。

"比肩"，是蒙古族常用的半袖长袍，男女都用。其形制是有里有表

的半袖长袍，往往套穿于长袍之外，多为右衽交领式，其长度略短于蒙古长袍，腰间束带。柏孜克里克石窟第 41 窟前壁右侧下方中就有着这种服饰的供养人。他们穿深色比肩，长度至膝，两侧开衩，露出里面的绿色长袍。

柏孜克里克石窟第 27 窟出土的壁画残片上有一身女供养人像，她双手合十，持花供养，头戴罟罟冠（也作"姑姑冠"）。其身穿的大袖袍，是典型的蒙古族服饰。

罟罟冠形状类似细长的花瓶，以木或竹条作胎，用桦树皮转合缝制而成，下为圆筒形，上为"Y"形，高二尺许。外部包饰以红绢、褐锦或帛等。有的上面还插以饰有彩色丝绸的柳枝或银枝。

柏孜克里克石窟第 27 窟 蒙古族女供养人

纹饰

柏孜克里克石窟壁画装饰纹样多姿多彩，纹样中以植物纹样和几何纹样为主。植物纹样包括忍冬纹、卷草纹、莲花纹和缠枝茶花纹等，而几何纹样包括火焰纹、联珠纹和水波纹。这些纹样在洞窟中有着不同的组合方式，衬托着佛国的庄严，同时又丰富了人们对佛教艺术的审美体验。

忍冬纹

忍冬为一种蔓生植物，俗称"金银花""金银藤"，通称卷草。其花长瓣垂须，黄白相半，因名金银花；其凌冬不凋，故有"忍冬"之称。忍冬纹出现的时间较早，大约在东汉时期，而大多数学者认为，忍冬纹样流行于南北朝，至隋唐时期演变成卷草纹。

沿丝绸之路向东传播的忍冬纹，历来被认为是源于希腊并取材于中国人十分喜爱的忍冬花（金银花）。中国虽在秦汉时已用忍冬枝叶入药，但用忍冬花蕾入药却在明代，魏晋时期传入的纹样显然不可能取材于忍冬花。古代西亚和中亚盛行的"生命树"崇拜，形成了理想化的"圣树"，其中类似葡萄、有枝叶和丰硕果实的卷叶纹样就成了象征"生命树"的忍冬纹，它们随着中亚地区曾经十分兴旺的佛教和袄教流入中原，既是南北朝时期流行的"胡饰"，也是佛国天界和净土的象征。

柏孜克里克石窟里忍冬纹样很多，根据忍冬的形态特点，可以分为三种，即：三瓣忍冬纹、四瓣忍冬纹和多瓣忍冬纹。

三瓣忍冬纹又可以根据底部花瓣的形态分为两种：一种是三个花瓣在

柏孜克里克石窟第 27 窟 忍冬纹

花茎部较为均衡地分布，可见于柏孜克里克石窟第 27、31 窟；另一种则是花茎部两旁的叶瓣短小而肥大，中间的小瓣叶圆而鼓并竖直向上，整体造型类似含苞待放的花朵，尾部和头部是封闭式的圆头尖尾，类似云气纹，见于柏孜克里克石窟第 31 窟。

四瓣忍冬纹，主要出现在柏孜克里克石窟第 27 窟和第 33 窟。这种装饰纹样是由四个花瓣组成，两边的花瓣较为尖长，中间的花瓣较为饱满和紧凑。整体上给人两边长中间短的视觉效果，图像整体上左右对称，形成交替旋转对称式构图形式。

多瓣忍冬纹叶子上端是卷曲舒展开的长叶，根茎部位下长出两片叶子，随着藤的长度变化叶片数量也有所增减，是一种叶片向外延伸的新样式，如柏孜克里克石窟第 9 窟。

卷草纹

卷草纹样是一种以图案骨架呈波曲状的花草纹样而形成。在日本被称为唐草，也叫蔓草纹、莨苕纹，其造型为旋涡状的常春藤，这种装饰纹样在唐代甚是流行，并在以后的历代中普遍出现。由于卷草纹在佛教中有着特殊的表征性意蕴，这种装饰在柏孜克里克石窟的装饰纹样中，是最普遍的纹样之一，遍布在石窟壁画上。

柏孜克里克石窟壁画中的卷草纹主要有三种类型，即：卷曲状卷草纹、波状卷草纹和"S"形卷草纹。

其中卷曲状卷草纹又可以分为自由型卷草纹和忍冬式卷草纹。

自由型卷草纹主要出现在柏孜克里克石窟第15窟。这类纹饰重点分布在佛、菩萨背光处和券顶上，是较为简单的单一式卷曲状形象，形态上较为笨拙，构图呈自由式。

忍冬式卷草纹主要出现在柏孜克里克石窟第48窟。它的特点是在主干枝蔓上附着数条波状式分支，分支尾部呈蜷曲状。

波状卷草纹主要出现在柏孜克里克石窟第9窟，

柏孜克里克石窟第9窟 卷草纹

其主要构图形式是由一条"S"形波状的曲线与"C"形短线相结合并形成卷草纹样的整体造型。"S"的结构是一种无限循环的状态，具有动静结合的韵律，在壁画内容上有个主次作用。通常这种卷草纹以二方连续方式构图。

"S"形卷草纹样出现在柏孜克里克石窟第33窟中，其早已没有了笨拙的造型，而是愈发地严密繁杂起来。这种类型的装饰纹样，在某种意义上具有一定象征性符号意喻。

莲花纹

莲花，又名莲华，佛典中所提及的莲华，是一种椭圆形叶的睡莲。印度共有四种莲华，即优钵罗华、拘物头华、波头摩华、芬陀利华，亦即青、

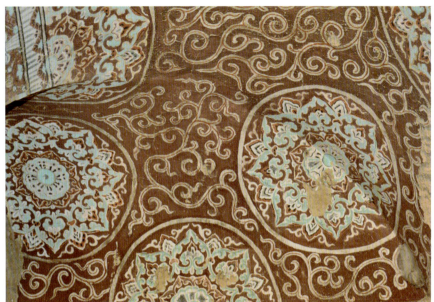

柏孜克里克石窟第15窟 莲花纹

黄、赤、白四种颜色的莲华，通常所说的莲华，是指芬陀利白莲华。佛教
所说的妙法，其理高深难懂，故佛在说妙法时，常借莲华来作比喻。

此外，佛教经典有时也以莲华为喻，如《妙法莲华经》；佛、菩萨也
大多以莲花为座，以示佛、菩萨之虽处秽国，却能离尘清净、神力自在。

佛教建筑、器物经常采用莲花图案，例如佛像的台座、光背、瓦、梵钟、
磬、金刚铃、金刚杵、羯磨、华鬘、锡杖、佛坛的勾栏柱头，以及塔寺建
筑上的装饰等。莲花图案形态也多样，如仰莲、覆莲等，也有仅绘出莲花
部分的，如莲花苞、莲蓬等。

柏孜克里克石窟除了有圆形莲花纹，还存在云气瓣莲花纹和忍冬式莲
瓣纹。

圆形莲花纹，可见于柏孜克里克石窟第 28 窟主室券顶部位，呈自由式构图。纹样底色为白色，圆形莲花瓣为土红色线描。它的特点是莲瓣端部突出，六瓣莲瓣下面又一层莲瓣叠落交错在一起，形成双层效果，造型上较为饱满。

云气瓣莲花纹见于柏孜克里克石窟第 9 窟中。这种纹样最为明显的特征就是在瓣形中加入云气纹作为基本的瓣形元素。

忍冬式莲瓣纹见于柏孜克里克石窟第 15 窟。这种莲花纹构图，一共可以分为五个层次：第一层为圆形莲花纹，第二层为忍冬莲瓣，第三层为忍冬桃形莲瓣，第四层为圆形叠莲瓣，第五层为卷草纹，卷草纹是外部填充的一部分。从图像的造型上可以看出这种莲花纹是多种纹样相互融合的结果。

缠枝茶花纹

缠枝纹，俗称"缠枝花"，南宋称"万寿藤"，以后称"缠枝"，亦称唐草和藤蔓纹。以牡丹组成的称缠枝牡丹，以莲花和葡萄构成的称缠枝莲花和缠枝葡萄。缠枝纹在两汉时期已渐渐萌芽。魏晋南北朝时期，随着佛教的兴盛，缠枝纹大为流行。从缠枝纹的演变和表现形式来看，这种纹饰是从一种藤蔓卷草植物得到的启发，经过艺术加工和提炼变化形成的，具有较强的动感，委婉多姿，充满活力。缠枝纹最主要的特点是构成灵活自由，在波状曲线的基线上，有的朝同一方向循环构成，有的向左右或上下延伸构成，亦有的向四面环绕构成。

柏孜克里克石窟第 33 窟 缠枝茶花纹

　　柏孜克里克石窟壁画装饰纹样中的缠枝茶花纹可分为两种类型：花朵式缠枝茶花纹和忍冬式缠枝茶花纹。

　　花朵式缠枝纹样，大致由植物的叶片、花苞、卷曲的茎三部分构成。顶部的花朵有花冠状、三角形状两种类型。

　　根据其结构样式的不同，又可以分为两种。

　　第一种主要出现在柏孜克里克石窟第 31 窟的佛、菩萨背光上。它的特点是在缠枝茶花纹的主干上有一条上下呈 "S" 形的枝干，枝干分出一朵接近正视形态的花朵图案，并呈现出二方连续的构图形式，上下整齐排序。

　　第二种主要出现在柏孜克里克石窟第 27 窟中。它的特点是花朵尾部有一片叶子装饰，茎部主干部分由卷草装饰，形成上下翻转、一正一反排列的缠枝茶花纹图像。其特征是花中有花，叶内填花。

忍冬式缠枝茶花纹出现在柏孜克里克石窟第 29 窟佛、菩萨背光处。它的茎部主干部分主要由翻转的多瓣忍冬纹组成，中间部分绘一朵七瓣茶花装饰在内层，形成盘旋状的二方连续构图形式。

柏孜克里克石窟缠枝茶花纹中每一个"C"形内部都有一朵茶花修饰，两侧装饰叶纹，叶纹均为平面铺展，纹样在连续中呈现流动感，这是高昌回鹘所特有的边饰纹样。

火焰纹

魏晋南北朝起，火焰作为佛法的象征，在佛教艺术中得到广泛应用。它基本绘在佛身光处，其熊熊燃烧上升的火势真实而生动，具有浓郁的装饰性。

柏孜克里克石窟中的火焰纹可分为两种类型：宝珠火焰纹（多头火焰纹）和忍冬火焰纹。

宝珠火焰纹（多头火焰纹）根据其结构又可以分为圆心式火焰纹、四瓣花心式火焰纹和忍冬旋转式火焰纹三种。

圆心式火焰纹主要出现在柏孜克里克石窟第 33、42 窟中，它以中间的圆圈，加以火苗的线，呈现出熊熊大火之势，以表达佛、菩萨的背光之宏亮。

四瓣花心式火焰纹，在柏孜克里克石窟第 42 窟中有类似的纹样，中间由双层四瓣花瓣组成火焰纹中心，再由此向上发射出火苗的形态，如同大火燃烧到极旺的状态。

忍冬旋转式火焰纹，在柏孜克里克石窟第 27 窟中有所体现，该纹样

柏孜克里克石窟第 15 窟　火焰纹

　　由忍冬纹作火焰纹茎部，随之向上加线描状火苗，在形态上如同团团大火。

　　忍冬火焰纹，由具忍冬形态的叶子组合而成。根据其组合形态的不同，可以分为多瓣式忍冬火焰纹和齿条式火焰纹两种。

多瓣式忍冬火焰纹见于柏孜克里克石窟第9、15和48窟，其形状是由三瓣或者三瓣以上的叶子组成，上下排列成二方连续形式，上下翻转，十分具有装饰动感。

齿条式火焰纹见于柏孜克里克石窟第31窟，其形状如同锯条，但是又与现实中的锯条样式有所区别。

联珠纹

联珠纹又称连珠纹、连珠、圈带纹。它是由连续的大小基本相同的圆圈或圆珠组成，其特点就是用一圈连续的圆珠来作为一个图案的边缘，在边缘饰以圆点串珠形成联珠。复杂的联珠纹还常常在圆珠内饰有各种主题图案，如饰以立雁、立鸟、猪头、狮子、马等。联珠纹在波斯萨珊时期是一种常见纹样，在钱币、织锦、壁画、金银器皿、浮雕上均有应用。

联珠纹在柏孜克里克石窟现存壁画中并不多见，但也可以将其分为两种类型：紧凑式和双圆式。

紧凑式联珠纹见于柏孜克里克石窟第15窟。这种纹样是由一个个大小均匀的圆珠形成一个紧挨着一个的大圆圈样式。一个个小圆珠紧凑有序地排列在背光处内层，十分具有立体感，在视觉效果上丰富了佛、菩萨背光上的内部空间感。

双圆式联珠纹见于柏孜克里克石窟第22窟。其形态与前一种类型相同，但在它的基础上多加了双线圈。

水波纹

水波纹因其形态上像水一样流动的样式，故而得名。东汉时期、三国时期及西晋时期的青瓷器上，已经大量运用水波纹样。隋代开始，水波纹样被运用在陶瓷器的边饰纹样中。在柏孜克里克石窟中，水波纹是主要纹饰之一。柏孜克里克石窟中的水波纹可分为两种类型：波曲式水波纹和卷涡式水波纹。

波曲式水波纹见于柏孜克里克石窟第48窟，其特点是波纹形态接近自然的水波，这种纹样分布在佛、菩萨的头光和背光中。

柏孜克里克石窟第33窟 水波纹

卷涡式水波纹见于柏孜克里克石窟第 18 窟。它的特点是以单螺旋线由内向外旋转为首，并以最外层向外拖拽最后使其形成尾，整体上形成一个线状大圈，恰似龙卷风。这种纹饰主要分布在佛传故事中。

壁画艺术风格

高昌石窟艺术产生于公元 5 世纪前后，大致经历了早期、中期和晚期三个发展阶段。

早期的高昌石窟艺术更多受到河西北凉以及龟兹石窟艺术的影响。

首先，从布局上看，吐峪沟石窟的几个方形窟的窟顶满铺禅定七佛和平棋图案，四壁中央是一佛二菩萨说法图，周围是千佛，这些都与同时期的敦煌石窟相似。

其次，这时期高昌壁画的线条"紧劲有力，如屈铁盘丝"，每根线条粗细相当，且用笔遒劲，这些都与龟兹壁画相同。

再次，高昌壁画在赋彩上，以平涂为主，这与北凉石窟相似；但也使用凹凸晕染法，如吐峪沟石窟第 44 窟，画面年久色变，人物面部形成白鼻梁、白眼睛，即所谓"小字脸"。这种画法源于龟兹，在同时期河西石窟中也很流行。在用色上，有些洞窟常常以赭红色作背景，呈现强烈的暖色调，如吐峪沟石窟第 44 窟，这显现出与北凉石窟的联系；但是在雅尔湖石窟第 7 窟中，顶部色彩则以蓝绿等冷色调为主，这又反映了与龟兹壁画的关联。

但是，此时期高昌石窟壁画的人物造型多体现本地人的特点：头部呈长圆形，下巴线平直，五官均匀分布于脸部，眼睛与眉毛间的距离小，鼻翼

敦煌莫高窟第 254 窟　尸毗王本生中的飞天

吐峪沟石窟第44窟 千佛

较大，鼻子结构线与眉毛线的交点高于上眼睑。

唐西州时期是高昌石窟艺术的中期阶段。这一阶段的洞窟保存下来的数量不多，主要有柏孜克里克石窟第69窟，胜金口石窟第2、4窟以及第3窟前室。题材包括千佛、林间景色等。

柏孜克里克石窟第69窟为方形窟，该窟窟顶绘忍冬图案，并以云纹、花朵相间。左、右两壁绘结跏趺坐佛，坐佛身披红色袒右或偏衫的袈裟，身光和头光颜色丰富，有黄、橘、绿、红、蓝等色，头上华盖缀有绚丽宝珠，画面色彩丰富，富丽堂皇。胜金口石窟第2窟和第4窟均为纵券顶长方形影窟，第2窟正壁开一小室。两窟正壁均绘枝叶繁茂的大树，树间小鸟穿梭。窟顶绘葡萄、宝相花等纹样，绘画手法写实，富有生活气息。

高昌回鹘时期是高昌石窟艺术的晚期阶段，但也是高昌石窟艺术的鼎盛阶段。这一时期，回鹘艺术得到了极大的发展，形成了独具特色的高昌回鹘艺术模式。

高昌回鹘时期壁画中的人物造型，脸型长圆丰满，腮较大。两眉修长接鼻梁，鼻梁稍拱。上

柏孜克里克石窟第 69 窟 千佛　　　　　　　　柏孜克里克石窟第 20 窟 佛本行集经变

眼眶与上眼睑距离较远，呈圆弧形。眼睛或似柳叶，嘴小。手部绘得比较
饱满，较为写实。虽然少数大型立佛和伎乐菩萨的身躯稍有点扭曲，但大
部分佛像、菩萨像，或是故事画中的人物形象，都是双脚直立，端庄挺拔，
身材匀称，具有一种稳健勇敢的美感。

　　重视线条的使用和表现力，是回鹘壁画技艺的又一特征。回鹘人大量
使用铁线描，虽然不像龟兹壁画中的线条那样刚劲有力，但依然是"屈铁
盘丝"，粗细相当，同时也使用"莼菜条"式的兰叶描。如柏孜克里克石

柏孜克里克石窟第9窟 菩萨像特写

窟第 9 窟后行道正壁的菩萨像，画中线条活泼流畅，粗细相间，回鹘画家将两种描法巧妙结合起来，他们不仅用线条概括表现对象的轮廓，而且用它描绘细部。不仅如此，他们也使用曹衣出水描表现衣服的襞褶，既有质感，又显出躯体的健壮。如柏孜克里克石窟第 20 窟中立佛像所展现的贴体的衣纹线。他们重视解剖，突出人体结构，用线条勾出圆圈，表现人物肘膝关节，突出圆浑的肢体；又用钉头鼠尾绘制人物的骨骼，显得人物粗壮有力。前者用来表现佛、菩萨的优美形象；后者表现力士、天王和乐

柏孜克里克石窟第 20 窟　毗沙门天王图

天等的力量所在。用铁线在绿池中绘涡旋纹，表现出"激石成湍"的水面。
用粗壮的线条勾勒山形，显得山势高峻。

　　高昌回鹘人十分喜爱各种图案，火焰纹、折线纹、水波纹、宝相花纹、
单支藤蔓花卉纹、菱形格纹、葡萄纹、钱纹、联珠纹、藤蔓卷草纹、三角
纹和缠枝茶花纹在回鹘壁画中都大量出现，而且他们将这些纹饰图案化了。
拜西哈尔石窟壁画中的图案丰富，绚丽多彩，其中以蔓藤卷叶纹为最多，
又配以缠枝茶花纹作边饰。回鹘艺术家甚至把经变故事画、密教的曼陀罗

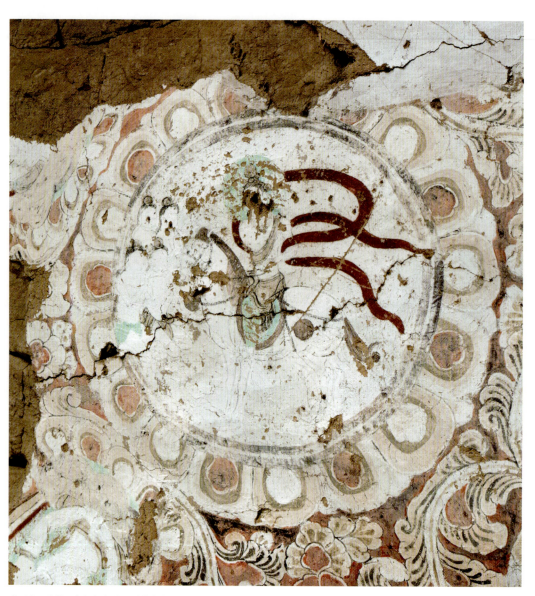

伯西哈石窟第2窟主室券顶 "逾城出家"

也图案化了。如柏孜克里克石窟第 39 窟中，文殊变和普贤变被绘在由白云构成的圆形图案中；又如伯西哈石窟第 2 窟，在窟顶莲心中绘"逾城出家"故事，周围的蔓藤卷叶纹中绘菩萨坐像，这既符合教义的安排，又使整个壁面极富美感和装饰性。

这些纹样的出现与演化，和敦煌莫高窟紧密相联，体现出两地之间密切的交流。

回鹘人喜爱赭、红、茜、黄等热烈的色彩，表现在壁画艺术中是大量地使用暖色。柏孜克里克石窟绝大部分洞窟都用赭色作为背景色，佛和菩萨的服装也往往都是红色。如佛本行集经变画中的大型立佛、满铺窟顶的千佛都穿红色袈裟，就是菩萨的披帛、长裙也以红色为主。而佛本行集经变画中国王的戎装和披风则是以回鹘王族的服色为依据，全为红色。众多的图案纹样，如窟顶的莲花纹、宝相花纹，各铺壁画之间忍冬及云纹边饰、佛和菩萨身光和头光中的纹饰……无不以红色为主。楼阁塔殿也以赭红色土或砖瓦夯砌而成。在这些暖色中，又以石绿、白色相间，再加上金色的头光、身光和璎珞、钏、头饰等相映，真是绚丽多彩，富丽堂皇。

伊吾石窟

新疆石窟的余晖

站在这片广袤的热土上，伴着阵阵狂风呼啸而过，会听到微小砂石沙沙作响，仿佛高僧至今依然吟诵着千年未绝的梵音。

伊吾，相当于今哈密市一带，地处中原通向西域的门户。西汉末，戊己校尉徐普开新道，避白龙堆之扼，出五船北，通玉门关。《后汉书·西域传》记载："自敦煌西出玉门、阳关，涉鄯善，北通伊吾千余里，自伊吾北通车师前部高昌壁千二百里。"

根据文献记录，唐初，伊吾佛教有很大程度的发展，深受中原佛教的影响，当地僧人与中原来的僧侣一同译经卷、切磋经义。唐贞观二年（629），大唐高僧玄奘前往天竺取经时曾途径这里，"既至伊吾止一寺，寺有汉僧三人，中有一老者，衣不及带，跣足出迎，抱法师哭哀号鲠咽不能已已言"，有学者认为该寺即指今天哈密的白杨沟佛寺。玄奘于寺内停留数日，于大殿中讲经说法，弘扬净土，更使得佛教文化在以该寺为中心的这一片区域内达到鼎盛，每逢佛教节日，僧侣们除讲经布道外，还上演剧目，伴以音乐舞蹈。宋元时期这里隶属高昌回鹘，高昌回鹘政权将佛教尊为国教，上自宫廷，下至百姓，举国奉佛，这一地区是回鹘王国属地，受佛教浸染，佛教也很繁盛，曾涌现出像必兰纳识里这样著名的佛经翻译家。白杨河最大的佛寺建筑就是高昌回鹘王国时期所建。13 世纪，著名的意大利旅行家马可波罗记载，这里的居民都信仰佛教，并有自己的语言。

15 世纪前后，伊斯兰教开始传入这一地区，但佛教影响力依然较大，明廷于是设立佛教管理机构"僧纲司"，管理伊吾卫的佛教事务。明朝还分别任命僧速都拉失和僧太仓先后出任伊吾卫"僧纲司"都纲，曾授给"敕命及印"。但到 16 世纪以后，随着伊斯兰教在这一地区日益占据统治地位，佛教在伊吾逐渐走向衰落，并最终消亡。

哈密地区现保存的石窟寺不多，共四处二十多个。包括白杨沟石窟、卡孜玛石窟、庙尔沟石窟和拉甫却克石窟。其中较大的有白杨沟石窟和庙尔沟石窟。

根据形制判断，哈密地区的石窟分为中心柱窟和方形窟两种类型。

中心柱窟如白杨沟石窟第 1 窟。该窟主室面宽 2.9 米，进深 1 米，残高 2 米，横券顶。中心柱四壁开龛，左、右甬道为纵券顶，后甬道为横券顶。原来窟内应有壁画，但现在基本都脱落了。

方形窟既有礼拜窟，又有生活用窟。礼拜窟如庙尔沟石窟第 1—5 窟，除第 2 窟为前后室结构外，其余均为平面呈不规则方形的单室结构。五个洞窟大小相当，平面皆呈圆角方形，进深 3—4 米，宽 3—4 米，残高约 5 米，穹窿顶。这些石窟的北壁上原都塑有佛像，但因破坏严重，第 1、3 窟的佛像已不存，现仅可见北壁上残留的背光和头光。第 2 窟北壁雕塑有一尊佛像，虽然破坏严重，但仍可以根据其残迹判断出是善结跏趺坐的弥勒像，佛像采用减地留墙法加土坯砌筑而成。

还有一些洞窟可能为生活用窟，如卡孜玛石窟，洞窟南北长 8 米，东西宽 5.9 米，残高约 1.6 米。尽管壁面残留有壁画，但非常粗糙。

哈密地区石窟寺布局大体上为多个礼拜窟并列的组合，常与周边的地面佛寺结合形成某个具有完整功能的寺院，如白杨沟Ⅲ区遗址。

哈密地区石窟寺的年代为公元 8—10 世纪。据记载，早在汉唐时中原

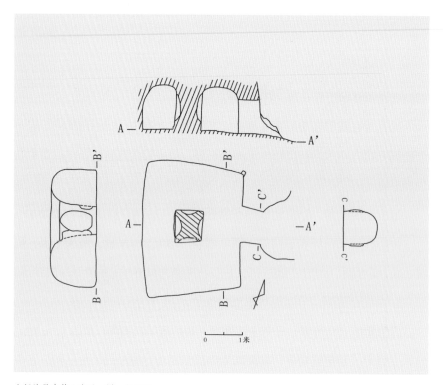

白杨沟佛寺第1窟平、剖、立面图

的华夏文明已融入这片广袤的热土中了，该遗址群是丝绸之路文化交流的历史样本。

　　古老的白杨河，曾孕育了哈密绿洲最古老的文明形态，多种文化在这里交汇、生长。沧海桑田，如今站在这片广袤的热土上，伴着阵阵狂风呼啸而过，会听到微小砂石沙沙作响，仿佛高僧至今依然吟诵着千年未绝的梵音。

白杨沟石窟外景